JN080244

会社別就活ハンドブックシリーズ

# 2025

# サイバーエージェントの就活ハンドブック

就職活動研究会 編
JOB HUNTING BOOK

# は じ め に

　2021年春の採用から，1953年以来続いてきた，経団連（日本経済団体連合会）の加盟企業を中心にした「就活に関するさまざまな規定事項」の規定が，事実上廃止されました。それまで卒業・修了年度に入る直前の3月以降になり，面接などの選考は6月であったものが，学生と企業の双方が活動を本格化させる時期が大幅にはやまることになりました。この動きは2022年春そして2023年春へと続いております。

　また新型コロナウイルス感染者の増加を受け，新卒採用の活動に対してオンラインによる説明会や選考を導入した企業が急速に増加しました。採用環境が大きく変化したことにより，どのような場面でも対応できる柔軟性，また非接触による仕事の増加により，傾聴力というものが新たに求められるようになりました。

　『会社別就職ハンドブックシリーズ』は，いわゆる「就活生向け人気企業ランキング」を中心に，当社が独自にセレクトした上場している一流・優良企業の就活対策本です。面接で聞かれた質問にはじまり，業界の最新情報，さらには上場企業の株主向け公開情報である有価証券報告書の分析など，企業の多角的な判断・研究材料をふんだんに盛り込みました。加えて，地方の優良といわれている企業もラインナップしています。

　思い込みや憧れだけをもってやみくもに受けるのではなく，必要な情報を収集し，冷静に対象企業を分析し，エントリーシート作成やそれに続く面接試験に臨んでいただければと思います。本書が，その一助となれば幸いです。

　この本を手に取られた方が，志望企業の内定を得て，輝かしい社会人生活のスタートを切っていただけるよう，心より祈念いたします。

就職活動研究会

# Contents

# 第**1**章

## サイバーエージェントの
## 会社概況

会社によって選考方法は千差万別。面接で問われる内容や採用スケジュールもバラバラだ。採用試験ひとつとってみても，その会社の社風が表れていると言っていいだろう。ここでは募集要項や面接内容について過去の事例を収録している。

また，志望する会社を数字の面からも多角的に研究することを心がけたい。

# ✔ 企業理念

## ■ Purpose

### 新しい力とインターネットで
### 日本の閉塞感を打破する

あらゆる産業のデジタルシフトに貢献する
新しい未来のテレビ ABEMA を、いつでもどこでも繋がる社会インフラに
テクノロジーとクリエイティブの融合で世界に挑戦する
年功序列を排除し、21 世紀型の日本的経営を体現する
時代の変化に適合し、グローバルカンパニーを目指す
インターネットを通じて日本を元気に

## ■ Vision

### 21 世紀を代表する会社を創る

## ■ Mission Statement

インターネットという成長産業から軸足はぶらさない。
ただし連動する分野にはどんどん参入していく。
オールウェイズ FRESH!
能力の高さより一緒に働きたい人を集める。
採用には全力をつくす。
若手の台頭を喜ぶ組織で、年功序列は禁止。
スケールデメリットは徹底排除。
迷ったら率直に言う。
有能な社員が長期にわたって働き続けられる環境を実現。
法令順守を徹底したモラルの高い会社に。
ライブドア事件を忘れるな。
挑戦した敗者にはセカンドチャンスを。
クリエイティブで勝負する。
「チーム・サイバーエージェント」の意識を忘れない。
世界に通用するインターネットサービスを開発し、グローバル企業になる。

## ■ Brand Concept

# Always Fresh

# ✔ 会社データ

| 本社所在地 | 〒150-0042<br>東京都渋谷区宇田川町40番1号 Abema Towers<br>Tel：03-5459-0202（代表） |
|---|---|
| 代表者 | 代表取締役　藤田 晋 |
| 設立 | 1998年3月18日 |
| 資本金 | 7,239百万円（2022年9月末現在） |
| 事業内容 | メディア事業<br>インターネット広告事業<br>ゲーム事業<br>投資育成事業 |

# ✔ 事業内容

## メディア

2016年4月に新しい未来のテレビ「ABEMA」を開局し、多くの方々に利用していただいています。また国内最大規模のブログサービス「Ameba」やマッチングアプリ「タップル」、通販化粧品の「N organic」など様々なサービスを提供しています。

## インターネット広告

1998年の創業以来、インターネット広告事業を展開しており、広告効果最大化を強みに国内トップクラスの規模を誇ります。現在は、広告販売にとどまらず、AIを活用したテクノロジーや3DCG等の最先端技術を駆使したクリエイティブ制作、新たにDX事業にも参入、各業界の大手企業との協業を拡大しDX推進に取り組んでいます。

## ゲーム

主力タイトル8本を含む約50本のスマートフォン向けゲームを提供しています。「グランブルーファンタジー」など人気タイトルのアニメ化など、ゲームの世界観を様々なかたちで提供しています。

## スタートアップ（新規事業）

インターネットに関連する様々な領域において、常に新たなサービスを創出し続けています。

## AI

AIは世界中、様々な分野でイノベーションを起こす可能性を秘めています。サイバーエージェントでは2016年に研究開発組織「AI Lab」を設立。高度なAI研究技術を持ち実用化に積極的な研究室と産学連携し、数多くの研究論文を発表しています。AI最高峰の国際学会「NeurIPS」「AAAI」「ICML」「CVPR」をはじめ、世界のトップカンファレンスで数多くの論文が採択されています。　その研究・開発体制と実績は、「2020年のAI研究をリードするグローバル企業トップ100 ※1」で日本国内企業トップ7社（世界66位）

に選ばれ高く評価されています。 さらに、サイバーエージェントの強みは、研究を実用化し AI 技術をビジネスの成果に繋げる「実装力」になり、特にインターネット広告事業領域では、高い広告効果を目指し、AI を活用した革新的な制作プロセスによる広告クリエイティブ制作を実現するほか、バーチャル撮影 /CG 分野の研究開発にも取り組み、新しい広告表現・価値の提供を行っています。

※ 1 Gleb Chuvpilo: AI Research Rankings 2020

## DX

昨今のコロナ禍において、小売・行政・医療の分野をはじめエンターテインメントなどあらゆる業界でデジタル化が急務であり、サイバーエージェントでは、当社が保有するデジタル領域の知見や技術力を応用し社会課題解決にむけた DX の推進に取り組んでいます。

小売業界において、チラシのデジタル化やサイネージ、AI カメラなどのリテールテックへの活用による店舗のデジタルトランスフォーメーション（DX）を支援し、官公庁では、ポストコロナの経済構造の転換に向け、行政手続きを情報管理から施策提案・運用・実行までデジタル化支援全般を行っています。また医療分野においてもオンライン服薬指導などを筆頭にドラッグストアや薬局の DX 推進、エンターテインメント業界においては、デジタルシフトを進め新たな収益機会の創出を積み重ねたノウハウと保有する最新鋭の技術や社内外のプラットフォームを活用し DX を促進支援を行っています。

# ✔ 先輩社員の声

**【インターネット広告事業本部／2022 年入社】**
**どんな大学時代を過ごしていた？**
大学院を含めた 6 年間、研究活動と体育会陸上競技部の活動に力を入れておりました。
研究活動では、「温室効果ガスを光エネルギーを用いて有用なものに転換する」研究
を行っておりました。自分の行った研究の成果を発信することを目標に昼夜を厭わず
研究した結果、査読付きの海外の学術誌に 2 本の論文を投稿することができ、国際
学会／国内学会で 2 件ずつ優秀賞を受賞しました。
陸上競技においては、走幅跳という競技を行っておりました。関東大会に出たいとい
うその一心で、大学入学時 5m16cm であった記録を、7m12cm まで更新しました。
細かい PDCA サイクルを回し数字で成果が返ってくるのは今の仕事に近いかもしれ
ません。

**サイバーエージェントに入社した理由は？**
「事業」×「環境」の 2 軸で選びました。
「事業軸」：自分が掲げる『1 人でも多くの人をワクワクさせる』というビジョンに
対して、多種多様な業種からユーザーにアプローチができる広告代理店業に従事でき
るからです。また、市場全体が成長し続けており、サイバーエージェントがその中で
No.1 を走り続けていることも非常に魅力的でした。
「環境軸」：自分がワクワクしながら働き続ける／成果を挙げ続けるためには、過去の
人生の経験から「愚直に努力した結果自分に返ってきて評価される環境」と「アツい
想いを持っている仲間が多い環境」が大事だと考えており、その環境がサイバーエー
ジェントにはあると感じました。

**サイバーエージェントで働くやりがいや面白さは？**
"圧倒的な成長実感"だと私は思います。
私は、何かを達成した時のいわゆる"達成感"・"やり切った感"というものにはあま
り興味がありません。
それよりも何か新しいことに挑戦するときに「過去の自分がした経験が無ければ出せ
ないアイデア」を出せた時の"ハマった感"に対してすごくやりがいを感じ、「成長
したな」と思います。
サイバーエージェントではありえないくらいの量の経験を望めば望むほどさせてくれ
ます。
そうした経験が、新たな発想をくれ、成長実感を私に与えます。
上手くいかないことの方が多いのが仕事だと思いますが、上記の考え方を持っている
ことで、毎日高揚し、前に進み続けることができます。

# ✔ 募集要項

| 募集対象 | ・新卒として入社が可能であり、入社時に高卒以上の方<br>・学年、学科、専攻等不問<br>・通年採用。入社時期は個別でご相談させていただきます。<br>・既卒可、実務経験に関わらずチャレンジしたい方（全事業部への配属可能性があります。エンジニア職の場合実務経験、開発経験がある方） |
|---|---|
| 募集職種 | 【ビジネスコース】<br>クライアントの広告戦略の立案・マーケティング・企画提案を行う営業、ゲームやサービスの企画立案・プロジェクトマネジメントを行うプロデューサー、人事・法務・経理・広報・IR等、経営トップの支援、自社およびグループ企業を統括管理する本社機能部門など幅広く活躍するフィールドがあります。<br>【エンジニアコース】<br>新しい未来のテレビ「ABEMA」や日本最大規模のブログサービス「アメブロ」、競輪・オートレースの投票サービス「WINTICKET（ウィンチケット）」などのメディア事業、「NieR Re[in]carnation」（ニーア リィンカーネーション）や「バンドリ！ ガールズバンドパーティ！」などのスマートフォン向けゲーム事業、デジタルマーケティング分野の研究開発を行い、効果予測AIで広告効果を最大化する「極予測AI」や、小売／医療／官公庁など様々な業界のDXを推進するためのサービス開発を担うAI関連事業。インターネット産業を軸に様々な事業を展開する中で、ソフトウェア設計・開発業務を担当していただきます。サービスの新機能開発や運用、新規事業立ち上げ時の技術選定から初期開発、分散処理・機械学習・データマイニング・AI研究等、多岐にわたる開発業務に携わっていただきます。<br>【クリエイターコース】<br>デザインの全体設計を行うアートディレクションや、ユーザーに心地よいサービスを提供するためのUI・UXデザイン、また、ゲームのグラフィック制作・2Dイラスト、3DCG制作業務、映像クリエイターなど多岐にわたります。 |

| 給与 | 【ビジネスコース】<br>・42万円／月（＊年俸制504万円）<br>・家賃補助制度「2駅ルール」 3万円／月<br>　※勤続年数 満5年経過後は「どこでもルール」 5万円／月<br><br>【エンジニアコース】<br>1：能力別給与体系（最低年俸504万円〜／個々人の能力別に当社独自の基準で評価）<br>2：エキスパート認定（最低年俸720万円〜／高度な技術や実績、成果をお持ちの方が対象）<br>※エキスパート認定<br>　豊富なサービス開発経験や特定の技術領域への顕著な知見をお持ちの学生を対象に、これまでの実績を総合的に査定し評価いたします。査定対象は技術的スキルや実績、AI等の要素技術研究成果、執筆した論文、当社での就業経験（インターン、アルバイト）です。研究の将来性や事業との相乗効果などを鑑みた上で、当社独自の基準で評価いたします。<br>・家賃補助制度「2駅ルール」 3万円／月<br>　※勤続年数 満5年経過後は「どこでもルール」 5万円／月<br><br>【クリエイターコース】<br>・42万円／月（＊年俸制504万円）<br>・家賃補助制度「2駅ルール」 3万円／月<br>　※勤続年数 満5年経過後は「どこでもルール」 5万円／月 |
|---|---|
| 評価・報酬 | 【半期ごとの目標管理制度】<br>半期初に目標を立て、半期末に目標の達成度を評価します。 評価に応じて給与・年俸を見直します。 その他、各種インセンティブ制度があります。 |
| 勤務地 | 本社：東京都渋谷区　大阪支社：大阪市北区<br>名古屋営業所：名古屋市中区　福岡営業所：福岡市中央区<br>※エンジニア、デザイナーの方は原則東京本社オフィスでの勤務となります。 |
| 勤務時間 | 10時〜19時（職種によっては裁量労働制適用）<br>※所定労働時間：08時間00分 休憩60分（残業：有）<br>※残業手当：有<br>※固定残業代制超過分別途支給<br>※職種、能力などに応じて2年目以降裁量労働制を適用<br>　・裁量労働制の場合：固定残業代の相当時間：時間外46.0時間／月、深夜46.0時間／月<br>　・月給制職種の場合：固定残業代の相当時間：時間外80.0時間／月、深夜46.0時間／月<br>※平均残業時間：31時間／月 |

| 休日休暇 | 完全週休2日制（土曜・日曜）, 国民の祝日・夏期休暇（毎年3日間）, 年末年始休暇（12月29日〜1月3日）, 年次有給休暇（初年度10日間）, 慶弔休暇, 産前産後休暇, 育児休暇, リフレッシュ休暇　休んでファイブ（勤続2年間で毎年5日間）　など |
|---|---|
| 各種保険 | 健康保険（関東ITソフトウェア健康保険組合）、雇用保険、労災保険、厚生年金保険 |
| 福利厚生 | 家賃補助制度（2駅ルール、どこでもルール）、エンジニア向け新制度「ENERGY（エナジー）」、退職金制度（勤続インセンティブ）、従業員持株会、社内カウンセリング制度、慶弔見舞金制度、社内親睦会費補助制度、無料マッサージルーム完備など |

## ✔ 採用の流れ （出典：東洋経済新報社『就職四季報』）

| エントリーの時期 | 【総・技】通年 |
|---|---|
| 採用プロセス | 【総】ES提出→GD→集団面接→個別面接→1dayジョブ→面接（複数回）→役員面接→内々定<br>【技】ES提出→面接・選考（複数回）→役員面接→内々定 |
| 採用実績数 | （下表参照） |

|  | 大卒男 | 大卒女 | 修士男 | 修士女 |
|---|---|---|---|---|
| 2022年 | 103<br>（文：65<br>理：38） | 69<br>（文：64<br>理：5） | 36<br>（文：6<br>理：30） | 4<br>（文：3<br>理：1） |
| 2023年 | 137<br>（文：93<br>理：44） | 95<br>（文：86<br>理：9） | 49<br>（文：6<br>理：43） | 5<br>（文：3<br>理：2） |
| 2024年 | 165<br>（文：41<br>理：124） | 105<br>（文：98<br>理：7） | 62<br>（文：3<br>理：59） | 7<br>（文：3<br>理：4） |

## ■サイバー、AI で動画広告を量産　3D タレントで演出自在（1/30）

　サイバーエージェントは年内にも人工知能（AI）で動画広告を量産する。3 次元（3D）のタレントの分身（アバター）を活用し、視聴者の好みなどに応じてしぐさやセリフなどの演出を作り分ける。バナー広告では配信先に応じて異なるデザインやキャッチコピーを AI が生成し広告効果を高めてきた。仮想空間（メタバース）の普及もにらみ動画広告でも AI 活用を本格化させる。

　配信先のサイトやユーザーの特性に応じて異なる演出の動画広告を AI が生成する。CG（コンピューターグラフィックス）で再現した 3D タレントも活用し、表情やセリフ、髪形や衣装などを自在に変えた動画広告を制作できるようにする。最終的な仕上げには人による調整は残るが将来は完全な自動化も目指す。同社で AI や CG 事業を統括する毛利真崇氏は「動画広告の効果を高められる」と話す。

　静止画などを用いたバナー広告では既に、AI が 1 つの広告あたり 30 〜 40 本以上、3 カ月間でおよそ 7 万本を制作している。「極予測 AI」というサービスで、AI が画像や単語などを組み合わせ、最も高い広告効果が見込める表現を選ぶ。あるアプリの広告ではユーザー獲得効果が 2 倍に高まったという。

　AI は自社で抱える約 120 人の AI エンジニアなどが独自に開発した。米オープン AI の対話 AI「ChatGPT（チャット GPT）」などで注目を集める「生成 AI」の一種だ。言語や画像など大規模なデータで訓練し、要求に応じて文書や絵などを自動で生成できる。汎用性の高さから「ファンデーション（基盤）モデル」とも呼ばれる。

　基盤モデルの本格運用には高度な演算能力が必要で、サイバーはこのほど 10 億円弱を投じて米エヌビディアの最先端 GPU（画像処理半導体）「H100」を 80 基導入する。従来型の GPU と比べて AI の学習速度を最大 9 倍に高められるという。米マイクロソフトや米メタなども H100 の採用を相次いで発表している。サイバーとエヌビディアは 3D タレントの制作・運用で協業してきた。

　ネット広告を巡ってはプライバシー侵害への懸念が根強い。だが、広告効果の向上を期待し配信対象に応じて広告の内容を変える広告主のニーズは大きく、AI の活用は不可欠になっている。国内では電通と東京大学次世代知能科学研究センターが 22 年、共同研究組織を立ち上げた。サイバーは 16 年に研究開発組織を作り広告への AI 活用を進めてきた。

　サイバーのネット広告事業は堅調だ。景気減速懸念が広がるなか、22 年 10

～ 12 月期のネット広告事業の売上高は前年同期比 9% 増の 956 億円となった。事業拡大に向けて人員などに先行投資をしており、営業利益は 13% 減の 50 億円となっている。

## ■サイバーエージェント、DX 人材育成へ新会社設立（2/27）

サイバーエージェントはデジタルトランスフォーメーション（DX）の人材育成事業に参入した。社内のノウハウを生かし、データ分析などを担う人材を育てる。電通グループなど競合の広告大手も DX のコンサルティング事業に注力しており、体制を強化する。

サイバーエージェントは新会社の CA リスキリングパートナーズ（東京・渋谷）を設立した。データアナリストを育てる学習カリキュラムの開発などを支援する。

同社はデータ分析や人工知能（AI）活用を担う人材を社内で育成してきた。このノウハウを外部に提供する。CA リスキリングパートナーズの伊藤優社長は「2025 年度にも 100 社への提供を目指す」と話す。

## ■サイバーエージェント、生成 AI で広告画像　ロケ不要に（12/6）

サイバーエージェントは広告に使う背景や商品の画像をつくる生成 AI（人工知能）を開発した。商品に差し込む光を再現するなど複雑な表現にも対応する。森や海などでのロケが不要になり、広告制作を効率化できる。2024 年 1 月から広告制作に活用し、化粧品、食品といった広告主の需要を見込む。

商品を選んでから「砂浜」「夕暮れの湖畔」といった場面を入力すると、広告に使う背景画像を数分で生成する。生成した画像はバナー広告に活用する。事前に商品画像を複数の角度から数枚撮影し、システムに登録しておく必要がある。

学習を重ねれば、商品そのものの画像も生成できるようになる。既存の画像生成 AI ではラベルの字がゆがむため修正する必要があったが、文字の自動補正技術を活用してその手間を不要にした。

ガラス瓶などの透明なものが背景に溶け込む画像、商品へ差し込む光といった複雑な表現もできる。先行する米アマゾン・ドット・コムなど既存の生成 AI は対応しておらず、差異化につながる。

広告制作のロケは通常 1 カ所で 100 枚以上撮影することが多く、1 日かかるという。ロケが不要になれば広告制作のコストは大幅に圧縮できる。広告主の費用負担は減らせる見通しだ。24 年 1 ～ 3 月に化粧品や食品、家電を中心に 150 件での採用を目指す。サイバーは写真撮影に従事していた社員を動画広告の制作に振り向ける。

面接を進めていくうちに，熱気ある素晴らしい会社だと感じました。

**総合職** 2023卒

## エントリーシート

・形式：履歴書のみ
・内容： 個人の情報のみで，エントリーシートは記入はなし

## セミナー

・選考とは無関係
・服装：きれいめの服装
・内容：企業説明，社員の講演

## 企業研究

・セミナーに参加
・実際に社員と話す
・インターネットのキャリアセミナー

## 面接（個人・集団）

・雰囲気：和やか
・回数：2回
・質問内容：自己紹介志望動機，サイバーエージェントのどのようなところに魅力を感じているか，学生時代頑張ったこと，学生時代頑張ったことの深堀，自分の強みを説明

## 内定

・拘束や指示：内定承諾に伴い，内定者アルバイトの案内がある
・通知方法：電話
・タイミング：予定より早い

## ● その他受験者からのアドバイス

・インターンに参加するとぐっと内定が近づくかと思います。

採用に力を入れてると面接を通じて感じた

## クリエイティブ職 2020卒

## エントリーシート
・形式：採用ホームページから記入
・内容：長所を活かして将来企業で実現したいこと

## セミナー
・選考とは無関係
・服装： きれいめの服装
・内容：オンライン説明会。説明会というより，動画視聴してそのままエントリーシートを入力。

## 筆記試験
・形式： 性格診断のみ

## 面接（個人・集団）
・雰囲気：和やか
・回数：4回
・質問内容：志望動機やどのようなことがしたいかなど，一般的な内容

## 内定
・拘束や指示：ない。最終面接終了20分後に電話で通知をもらった
・通知方法：電話
・タイミング：予定より早い

## ● その他受験者からのアドバイス
・自分のキャリアプランを考えて会社を選ぶと良い

# ✔ 有価証券報告書の読み方

## 01 部分的に読み解くことからスタートしよう

　「有価証券報告書（以下，有報）」という名前を聞いたことがある人も少なくはないだろう。しかし，実際に中身を見たことがある人は決して多くはないのではないだろうか。有報とは上場企業が年に1度作成する，企業内容に関する開示資料のことをいう。開示項目には決算情報や事業内容について，従業員の状況等について記載されており，誰でも自由に見ることができる。

　一般的に有報は，証券会社や銀行の職員，または投資家などがこれを読み込み，その後の戦略を立てるのに活用しているイメージだろう。その認識は間違いではないが，だからといって就活に役に立たないというわけではない。就活を有利に進める上で，お得な情報がふんだんに含まれているのだ。ではどの部分が役に立つのか，実際に解説していく。

### ■有価証券報告書の開示内容

　では実際に，有報の開示内容を見てみよう。

**有価証券報告書の開示内容**

第一部【企業情報】
　第1　【企業の概況】
　第2　【事業の状況】
　第3　【設備の状況】
　第4　【提出会社の状況】
　第5　【経理の状況】
　第6　【提出会社の株式事務の概要】
　第7　【提出会社の状参考情報】
第二部【提出会社の保証会社等の情報】
　第1　【保証会社情報】
　第2　【保証会社以外の会社の情報】
　第3　【指数等の情報】

有報は記載項目が統一されているため，どの会社に関しても同じ内容で書かれている。このうち就活において必要な情報が記載されているのは，第一部の第1【企業の概況】～第5【経理の状況】まで，それ以降は無視してしまってかまわない。

## 02 企業の概況の注目ポイント

第1【企業の概況】には役立つ情報が満載。そんな中，最初に注目したいのは，冒頭に記載されている【主要な経営指標等の推移】の表だ。

| 回次 | | 第25期 | 第26期 | 第27期 | 第28期 | 第29期 |
|---|---|---|---|---|---|---|
| 決算年月 | | 平成24年3月 | 平成25年3月 | 平成26年3月 | 平成27年3月 | 平成28年3月 |
| 営業収益 | (百万円) | 2,532,173 | 2,671,822 | 2,702,916 | 2,756,165 | 2,867,199 |
| 経常利益 | (百万円) | 272,182 | 317,487 | 332,518 | 361,977 | 428,902 |
| 親会社株主に帰属する当期純利益 | (百万円) | 108,737 | 175,384 | 199,939 | 180,397 | 245,309 |
| 包括利益 | (百万円) | 109,304 | 197,739 | 214,632 | 229,292 | 217,419 |
| 純資産額 | (百万円) | 1,890,633 | 2,048,192 | 2,199,357 | 2,304,976 | 2,462,537 |
| 総資産額 | (百万円) | 7,060,409 | 7,223,204 | 7,428,303 | 7,605,690 | 7,789,762 |
| 1株当たり純資産額 | (円) | 4,738.51 | 5,135.76 | 5,529.40 | 5,818.19 | 6,232.40 |
| 1株当たり当期純利益 | (円) | 274.89 | 443.70 | 506.77 | 458.95 | 625.82 |
| 潜在株式調整後1株当たり当期純利益 | (円) | — | — | — | — | — |
| 自己資本比率 | (%) | 26.5 | 28.1 | 29.4 | 30.1 | 31.4 |
| 自己資本利益率 | (%) | 5.9 | 9.0 | 9.5 | 8.1 | 10.4 |
| 株価収益率 | (倍) | 19.0 | 17.4 | 15.0 | 21.0 | 15.5 |
| 営業活動によるキャッシュ・フロー | (百万円) | 558,650 | 588,529 | 562,763 | 622,762 | 673,109 |
| 投資活動によるキャッシュ・フロー | (百万円) | △370,684 | △465,951 | △474,697 | △476,844 | △499,575 |
| 財務活動によるキャッシュ・フロー | (百万円) | △152,428 | △101,151 | △91,367 | △86,636 | △110,265 |
| 現金及び現金同等物の期末残高 | (百万円) | 167,525 | 189,262 | 186,057 | 245,170 | 307,809 |
| 従業員数[ほか、臨時従業員数] | (人) | 71,729 [27,746] | 73,017 [27,312] | 73,551 [27,736] | 73,329 [27,313] | 73,053 [26,147] |

見慣れない単語が続くが，そう難しく考える必要はない。特に注意してほしいのが，**営業収益，経常利益**の二つ。営業収益とはいわゆる**総売上額**のことであり，これが企業の本業を指す。その営業収益から営業費用（営業費（販売費＋一般管理費）＋売上原価）を差し引いたものが**営業利益**となる。会社の業種はなんであれ，モノを顧客に販売した合計値が営業収益であり，その営業収益から人件費や家賃，広告宣伝費などを差し引いたものが営業利益と覚えておこう。対して経常利益は営業利益から本業以外の損益を差し引いたもの。いわゆる金利による収益や不動産収入などがこれにあたり，本業以外でその会社がどの程度の力をもっているかをはかる絶好の指標となる。

■会社のアウトラインを知れる情報が続く。

　この主要な経営指標の推移の表につづいて，「会社の沿革」，「事業の内容」，「関係会社の状況」「従業員の状況」などが記載されている。自分が試験を受ける企業のことを，より深く知っておくにこしたことはない。会社がどのように発展してきたのか，主としている事業はどのようなものがあるのか，従業員数や平均年齢はどれくらいなのか，志望動機などを作成する際に役立ててほしい。

## 03　事業の状況の注目ポイント

　第2となる【事業の状況】において，最重要となるのは**業績等の概要**といえる。ここでは1年間における収益の増減の理由が文章で記載されている。「○○という商品が好調に推移したため，売上高は△△になりました」といった情報が，比較的易しい文章で書かれている。もちろん，損失が出た場合に関しても包み隠さず記載してあるので，その会社の1年間の動向を知るための格好の資料となる。

　また，業績については各事業ごとに細かく別れて記載してある。例えば鉄道会社ならば，①運輸業，②駅スペース活用事業，③ショッピング・オフィス事業，④その他といった具合だ。**どのサービス・商品がどの程度の売上を出したのか**，会社の持つ展望として，今後**どの事業をより活性化**していくつもりなのか，などを意識しながら読み進めるとよいだろう。

### ■「対処すべき課題」と「事業等のリスク」

　業績等の概要と同様に重要となるのが，「**対処すべき課題**」と「**事業等のリスク**」の2項目といえる。ここで読み解きたいのは，その会社の**今後の伸びしろ**について。いま，会社はどのような状況にあって，どのような課題を抱えているのか。また，その課題に対して取られている対策の具体的な内容などから経営方針などを読み解くことができる。リスクに関しては法改正や安全面，他の企業の参入状況など，会社にとって決してプラスとは言えない情報もつつみ隠さず記載してある。客観的にその会社を再評価する意味でも，ぜひ目を通していただきたい。

　次代を担う就活生にとって，ここの情報はアピールポイントとして組み立てやすい。「新事業の○○の発展に際して……」，「御社が抱える●●というリスクに対して……」などという発言を面接時にできれば，面接官の心証も変わってくるはずだ。

　最後に注目したいのが，第5【経理の状況】だ。ここでは，簡単にいえば【主要な経営指標等の推移】の表をより細分化した表が多く記載されている。ここの情報をすべて理解するのは，簿記の知識がないと難しい。しかし，そういった知識があまりなくても，読み解ける情報は数多くある。例えば**損益計算書**などがそれに当たる。

連結損益計算書

(単位：百万円)

| | 前連結会計年度<br>(自　平成26年4月1日<br>至　平成27年3月31日) | 当連結会計年度<br>(自　平成27年4月1日<br>至　平成28年3月31日) |
|---|---|---|
| 営業収益 | 2,756,165 | 2,867,199 |
| 営業費 | | |
| 　運輸業等営業費及び売上原価 | 1,806,181 | 1,841,025 |
| 　販売費及び一般管理費 | ※1　522,462 | ※1　538,352 |
| 　営業費合計 | 2,328,643 | 2,379,378 |
| 営業利益 | 427,521 | 487,821 |
| 営業外収益 | | |
| 　受取利息 | 152 | 214 |
| 　受取配当金 | 3,602 | 3,703 |
| 　物品売却益 | 1,438 | 998 |
| 　受取保険金及び配当金 | 8,203 | 10,067 |
| 　持分法による投資利益 | 3,134 | 2,565 |
| 　雑収入 | 4,326 | 4,067 |
| 　営業外収益合計 | 20,858 | 21,616 |
| 営業外費用 | | |
| 　支払利息 | 81,961 | 76,332 |
| 　物品売却損 | 350 | 294 |
| 　雑支出 | 4,090 | 3,908 |
| 　営業外費用合計 | 86,403 | 80,535 |
| 経常利益 | 361,977 | 428,902 |
| 特別利益 | | |
| 　固定資産売却益 | ※4　1,211 | ※4　838 |
| 　工事負担金等受入額 | ※5　59,205 | ※5　24,487 |
| 　投資有価証券売却益 | 1,269 | 4,473 |
| 　その他 | 5,016 | 6,921 |
| 　特別利益合計 | 66,703 | 36,721 |
| 特別損失 | | |
| 　固定資産売却損 | ※6　2,088 | ※6　1,102 |
| 　固定資産除却損 | ※7　3,957 | ※7　5,105 |
| 　工事負担金等圧縮額 | ※8　54,253 | ※8　18,346 |
| 　減損損失 | ※9　12,738 | ※9　12,297 |
| 　耐震補強重点対策関連費用 | 8,906 | 10,288 |
| 　災害損失引当金繰入額 | 1,306 | 25,085 |
| 　その他 | 30,128 | 8,537 |
| 　特別損失合計 | 113,379 | 80,763 |
| 税金等調整前当期純利益 | 315,300 | 384,860 |
| 法人税，住民税及び事業税 | 107,540 | 128,972 |
| 法人税等調整額 | 26,202 | 9,326 |
| 法人税等合計 | 133,742 | 138,298 |
| 当期純利益 | 181,558 | 246,561 |
| 非支配株主に帰属する当期純利益 | 1,160 | 1,251 |
| 親会社株主に帰属する当期純利益 | 180,397 | 245,309 |

　主要な経営指標等の推移で記載されていた**経常利益**の算出する上で必要な営業外収益などについて，詳細に記載されているので，一度目を通しておこう。

　いよいよ次ページからは実際の有報が記載されている。ここで得た情報をもとに有報を確実に読み解き，就職活動を有利に進めよう。

# ✔ 有価証券報告書

※抜粋

## 企業の概況

### 1　主要な経営指標等の推移

#### （1）　連結経営指標等

| 回次 | | 第21期 | 第22期 | 第23期 | 第24期 | 第25期 |
|---|---|---|---|---|---|---|
| 決算年月 | | 2018年9月 | 2019年9月 | 2020年9月 | 2021年9月 | 2022年9月 |
| 売上高 | （百万円） | 419,512 | 453,611 | 478,566 | 666,460 | 710,575 |
| 経常利益 | （百万円） | 28,565 | 30,493 | 33,863 | 104,694 | 69,464 |
| 親会社株主に帰属する当期純利益 | （百万円） | 4,849 | 1,694 | 6,608 | 41,553 | 24,219 |
| 包括利益 | （百万円） | 11,416 | 5,670 | 20,166 | 65,376 | 35,963 |
| 純資産額 | （百万円） | 109,250 | 110,352 | 127,678 | 194,145 | 222,915 |
| 総資産額 | （百万円） | 225,484 | 224,876 | 260,766 | 382,578 | 383,698 |
| 1株当たり純資産額 | （円） | 162.02 | 157.09 | 177.45 | 254.98 | 285.15 |
| 1株当たり当期純利益金額 | （円） | 9.63 | 3.36 | 13.10 | 82.30 | 47.89 |
| 潜在株式調整後1株当たり当期純利益金額 | （円） | 9.21 | 3.05 | 12.28 | 77.90 | 45.33 |
| 自己資本比率 | （％） | 36.2 | 35.2 | 34.3 | 33.7 | 37.6 |
| 自己資本利益率 | （％） | 6.0 | 2.1 | 7.8 | 38.1 | 17.7 |
| 株価収益率 | （倍） | 156.98 | 308.55 | 123.45 | 26.32 | 25.43 |
| 営業活動によるキャッシュ・フロー | （百万円） | 28,394 | 14,917 | 37,028 | 103,665 | 17,548 |
| 投資活動によるキャッシュ・フロー | （百万円） | △22,410 | △18,000 | △16,621 | △28,537 | △31,412 |
| 財務活動によるキャッシュ・フロー | （百万円） | 39,748 | △4,662 | △2,590 | 374 | △2,801 |
| 現金及び現金同等物の期末残高 | （百万円） | 92,379 | 84,563 | 102,368 | 184,082 | 168,035 |
| 従業員数 | （名） | 4,853 | 5,139 | 5,344 | 5,944 | 6,337 |
| （ほか、平均臨時雇用人員） | | (2,885) | (3,284) | (3,104) | (3,383) | (3,864) |

（注）1　2021年4月1日付で普通株式1株につき4株の割合で株式分割を行っております。このため，第21期の期首に当該株式分割が行われたと仮定して，「1株当たり純資産額」，「1株当たり当期純利益金額」及び「潜在株式調整後1株当たり当期純利益金額」を算定しております。

　　　2　「収益認識に関する会計基準」（企業会計基準第29号　2020年3月31日）等を第25期の期首から適用しており，第25期に係る主要な経営指標等については，当該会計基準等を適用した後の指標等となっております。

---

> (point) **主要な経営指標等の推移**
>
> 　数年分の経営指標の推移がコンパクトにまとめられている。見るべき箇所は連結の売上，利益，株主資本比率の3つ。売上と利益は順調に右肩上がりに伸びているか，逆に利益で赤字が続いていたりしないかをチェックする。株主資本比率が高いとリーマンショックなど景気が悪化したときなどでも経営が傾かないという安心感がある。

3 従業員数は各期の正社員の合計であります。

4 『『税効果会計に係る会計基準』の一部改正」（企業会計基準第28号2018年2月16日）等を第22期の期首から適用しており，第21期に係る主要な経営指標等については，当該会計基準等を遡って適用した後の指標等となっております。

## (2) 提出会社の経営指標等 ·················································

| 回次 | | 第21期 | 第22期 | 第23期 | 第24期 | 第25期 |
|---|---|---|---|---|---|---|
| 決算年月 | | 2018年9月 | 2019年9月 | 2020年9月 | 2021年9月 | 2022年9月 |
| 売上高 | （百万円） | 228,248 | 245,910 | 260,611 | 314,857 | 363,045 |
| 経常利益 | （百万円） | 25,361 | 23,765 | 22,554 | 25,657 | 14,502 |
| 当期純利益又は当期純損失（△） | （百万円） | 15,514 | 16,131 | 17,723 | △69,028 | 10,018 |
| 資本金 | （百万円） | 7,203 | 7,203 | 7,203 | 7,203 | 7,239 |
| 発行済株式総数 | （株） | 126,426,600 | 126,426,600 | 126,426,600 | 505,706,400 | 505,924,000 |
| 純資産額 | （百万円） | 75,755 | 89,029 | 108,741 | 34,972 | 36,306 |
| 総資産額 | （百万円） | 154,084 | 164,337 | 189,322 | 124,633 | 132,442 |
| 1株当たり純資産額 | （円） | 148.54 | 174.82 | 213.62 | 66.63 | 68.41 |
| 1株当たり配当額 | （円） | 32.00 | 33.00 | 34.00 | 11.00 | 14.00 |
| （うち1株当たり中間配当額） | | （－） | （－） | （－） | （－） | （－） |
| 1株当たり当期純利益金額又は1株当たり当期純損失金額（△） | （円） | 30.83 | 32.02 | 35.14 | △136.71 | 19.81 |
| 潜在株式調整後1株当たり当期純利益金額 | （円） | 29.66 | 30.22 | 33.19 | － | 18.67 |
| 自己資本比率 | （％） | 48.5 | 53.6 | 56.9 | 27.0 | 26.1 |
| 自己資本利益率 | （％） | 22.6 | 19.8 | 18.1 | △97.6 | 29.3 |
| 株価収益率 | （倍） | 49.06 | 32.40 | 46.02 | － | 61.48 |
| 配当性向 | （％） | 25.9 | 25.8 | 24.2 | － | 70.7 |
| 従業員数 | （名） | 1,540 | 1,589 | 1,587 | 1,702 | 1,977 |
| （ほか、平均臨時雇用人員） | | （472） | （474） | （324） | （383） | （486） |
| 株主総利回り | （％） | 185.4 | 128.5 | 200.3 | 268.5 | 154.6 |
| （比較指標：配当込みTOPIX） | （％） | （110.8） | （99.3） | （104.2） | （132.9） | （123.4） |
| 最高株価 | （円） | 6,930 | 6,200 | 6,550 | 7,770 ○2,441 | 2,258 |
| 最低株価 | （円） | 3,200 | 3,075 | 3,175 | 5,880 ○1,831 | 1,202 |

（注）1 2021年4月1日付で普通株式1株につき4株の割合で株式分割を行っております。このため，第21期の期首に当該株式分割が行われたと仮定して，「1株当たり純資産額」，「1株当たり当期純利益金額又は1株当たり当期純損失金額」及び「潜在株式調整後1株当たり当期純利益金額」を算定しております。また，第24期末時点の株価は，当該株式分割に係る権利落ち後の株価となっております。

2 2021年4月1日付で普通株式1株につき4株の割合で株式分割を行っておりますが，1株当たりの配

当額において，第23期以前については，当該株式分割前の実際の配当金の額を記載しております。なお，当該分割を考慮した2020年9月期の配当金は8.5円のため，2021年9月期の配当金は2.5円の増配となります。

3 第24期の潜在株式調整後1株当たり当期純利益金額については，潜在株式は存在するものの，1株当たり当期純損失金額であるため，記載しておりません。

4 第24期の株価収益率及び配当性向は，1株当たり当期純損失金額であるため，記載しておりません。

5 従業員数は各期の正社員の合計であります。

6 「収益認識に関する会計基準」（企業会計基準第29号　2020年3月31日）等を第25期の期首から適用しており，第25期に係る主要な経営指標等については，当該会計基準等を適用した後の指標等となっております。

7 『「税効果会計に係る会計基準」の一部改正』（企業会計基準第28号2018年2月16日）等を第22期の期首から適用しており，第21期に係る主要な経営指標等については，当該会計基準等を遡って適用した後の指標等となっております。à

8 ○印は，株式分割（2021年4月1日付で，1株につき4株の割合で実施）による権利落後の最高・最低株価を示しています。

9 最高株価及び最低株価は，東京証券取引所第一部（2022年4月4日以降は東京証券取引所プライム市場）におけるものであります。

## 2 沿革

| 年月 | 沿革 |
|---|---|
| 1998年3月 | ・東京都港区に当社設立 |
| 1999年4月 | ・本店の所在地を東京都港区北青山三丁目5番30号に移転 |
| 2000年3月 | ・東京証券取引所新興企業市場（マザーズ）に上場<br>・本店の所在地を東京都渋谷区道玄坂一丁目12番1号（渋谷マークシティ）に移転 |
| 2004年9月 | ・「Ameba」を開始 |
| 2009年4月 | ・スマートフォンに特化した広告代理事業を行う「(株) CyberZ」を設立 |
| 2009年5月 | ・「(株) サムザップ」を設立し，ゲーム事業を本格的に開始 |
| 2011年5月 | ・ゲーム事業強化のため「(株) Cygames」を設立 |
| 2012年6月 | ・スマートフォン向け「Ameba」を開始 |
| 2013年5月 | ・クラウドファンディングサービスを行う「(株) サイバーエージェント・クラウドファンディング（現・(株) マクアケ）」を設立 |
| 2014年9月 | ・東京証券取引所市場第一部へ市場変更 |
| 2015年4月 | ・コーポレート及び「Ameba」のブランドロゴを一新 |

| 2015年4月 | ・(株)テレビ朝日との共同出資により動画配信事業を行う「(株)AbemaTV」を設立 |
|---|---|
| 2016年4月 | ・(株)AbemaTVにおいて，新しい未来のテレビ「AbemaTV（現・ABEMA）」を開局 |
| 2018年10月 | ・Jリーグクラブ「FC町田ゼルビア」を運営する「(株)ゼルビア」のグループ参画<br>・(株)AbemaTVと(株)電通，(株)博報堂DYメディアパートナーズの資本業務提携 |
| 2018年11月 | ・公営競技インターネット投票サービス開発・運営を行う「(株)WinTicket」を設立 |
| 2019年3月 | ・本店の所在地を東京都渋谷区宇田川町40番1号（AbemaTowers）に移転 |
| 2021年7月 | ・「(株)リアルゲイト」の株式取得および不動産領域への参入 |
| 2022年4月 | ・東京証券取引所の市場区分の見直しにより市場第一部からプライム市場へ移行 |
| 2022年11月 | ・「ABEMA」において「FIFAワールドカップカタール2022」の全試合放映開始 |

## 3 事業の内容

### (1) 事業の概要 ………………………………………………

　当社グループ（当社及び当社の関係会社）は2022年9月30日現在，当社（(株)サイバーエージェント），連結子会社99社（うち5組合）及び関連会社10社（うち1組合）によって構成されております。

　なお，報告セグメントにつきましては，メディア事業，インターネット広告事業，ゲーム事業，投資育成事業，その他事業に区分しております。

*point* **沿革**

　どのように創業したかという経緯から現在までの会社の歴史を年表で知ることができる。過去に行った重要なM＆Aなどがいつ行われたのか，ブランド名はいつから使われているのか，いつ頃から海外進出を始めたのか，など確認することができて便利だ。

| 会社名 | 主な事業内容 | 当社との関係 |
|---|---|---|
| メディア事業 | | |
| ㈱サイバーエージェント | 「Ameba」の運営等 | － |
| ㈱AbemaTV | 新しい未来のテレビ「ABEMA」の運営 | 連結子会社 |
| ㈱WinTicket | 公営競技のインターネット投票サービス「WINTICKET」の運営 | 連結子会社 |
| インターネット広告事業 | | |
| ㈱サイバーエージェント | 広告事業、AI事業、DX事業等 | － |
| ㈱CyberZ | スマートフォン向け広告に特化した広告代理事業 | 連結子会社 |
| ゲーム事業 | | |
| ㈱Cygames | スマートフォン向けゲーム事業 | 連結子会社 |
| ㈱Colorful Palette | スマートフォン向けゲーム事業 | 連結子会社 |
| ㈱サムザップ | スマートフォン向けゲーム事業 | 連結子会社 |
| ㈱アプリボット | スマートフォン向けゲーム事業 | 連結子会社 |
| 投資育成事業 | | |
| ㈱サイバーエージェント | コーポレートベンチャーキャピタル事業 | － |
| ㈱サイバーエージェント・キャピタル | ファンド設立及び運営 | 連結子会社 |
| その他事業 | | |
| ㈱マクアケ | クラウドファンディング「Makuake」の運営 | 連結子会社 |
| ㈱リアルゲイト | クリエイティブオフィスの企画・運営 | 連結子会社 |
| ㈱ゼルビア | プロサッカーチームの運営等 | 連結子会社 |

## (2) 企業集団の事業系統図 ················································

当社グループを図表に示すと以下のようになります。

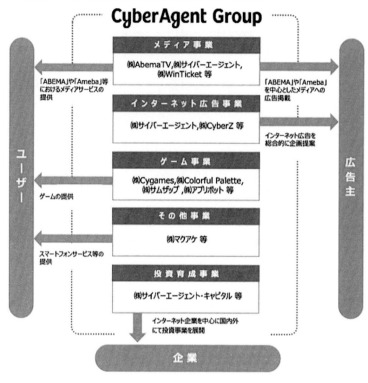

---

## 4 関係会社の状況

| 会社名 | 住所 | 資本金<br>(百万円) | 主要な事業の内容 | 議決権の所有<br>または（被所有）<br>割合<br>（%） | 関係内容 |
|---|---|---|---|---|---|
| (連結子会社) | | | | | |
| ㈱AbemaTV<br>（注1） | 東京都渋谷区 | 100 | 新しい未来のテレビ「ABEMA」の運営 | 55.2 | 役員の兼任<br>事業所の賃貸借<br>広告取引 |
| ㈱CyberZ | 東京都渋谷区 | 40 | スマートフォン向け広告に特化した広告代理事業 | 100.0 | 事業所の賃貸借<br>広告取引 |
| ㈱Cygames<br>（注2、3） | 東京都渋谷区 | 124 | スマートフォン向けゲーム事業 | 61.7 | 役員の兼任<br>広告取引 |
| ㈱Colorful Palette | 東京都渋谷区 | 124 | スマートフォン向けゲーム事業 | 90.0 | 役員の兼任<br>事業所の賃貸<br>広告取引 |
| ㈱マクアケ<br>（注3、4） | 東京都渋谷区 | 3,120 | クラウドファンディング「Makuake」の運営 | 51.6 | 役員の兼任 |
| 他94社（うち5組合） | | | | | |
| (持分法適用関連会社) | | | | | |
| AWA㈱ | 東京都港区 | 100 | 音楽配信サービス「AWA」の運営 | 48.5 | 役員の兼任<br>事業所の賃貸借<br>広告取引 |
| ㈱AbemaNews | 東京都渋谷区 | 50 | ニュースコンテンツ企画制作等 | 50.0 | 役員の兼任 |
| 他8社（うち1組合） | | | | | |

(注) 1 債務超過会社であり，2022年9月末時点で債務超過額は以下のとおりです。

      （株）AbemaTV    111,120百万円

  2 （株）Cygamesについては，売上高（連結会社相互間の内部売上高を除く）の連結売上高に占める割合が10％を超えております。

    主要な損益情報等  (1)  売上高    188,488百万円

                    (2)  経常利益    53,736百万円

                    (3)  当期純利益    35,812百万円

                    (4)  純資産額    184,294百万円

                    (5)  総資産額    207,148百万円

  3 特定子会社に該当しております。

  4 有価証券報告書の提出会社であります。

## 5 従業員の状況

### (1) 連結会社の状況 ・・・・・・・・・・・・・・・・・・・・・・・・・・・・・・・・・・・・・・・・・・・・・・・・・・・・・

| セグメントの名称 | 従業員数(名) | |
|---|---|---|
| メディア事業 | 871 | (553) |
| インターネット広告事業 | 1,936 | (1,584) |
| ゲーム事業 | 2,378 | (1,430) |
| 投資育成事業 | 11 | (8) |
| その他事業 | 784 | (222) |
| 全社（共通） | 357 | (68) |
| 合計 | 6,337 | (3,864) |

(注) 1 従業員数は，就業人員であります。

2 従業員数欄の（外書）は，臨時従業員の年間平均雇用人員であります。

3 全社（共通）として記載されている従業員数は，管理部門等の報告セグメントに属していない従業員であります。

### (2) 提出会社の状況 ・・・・・・・・・・・・・・・・・・・・・・・・・・・・・・・・・・・・・・・・・・・・・・・・・・・・・

2022年9月30日現在

| 従業員数(名) | | 平均年齢(歳) | 平均勤続年数(年) | 平均年間給与(千円) |
|---|---|---|---|---|
| 1,977 | (486) | 34.2 | 6.1 | 8,170 |

| セグメントの名称 | 従業員数(名) | |
|---|---|---|
| メディア事業 | 278 | (110) |
| インターネット広告事業 | 1,267 | (302) |
| ゲーム事業 | 25 | (4) |
| 投資育成事業 | － | (－) |
| その他事業 | 50 | (2) |
| 全社（共通） | 357 | (68) |
| 合計 | 1,977 | (486) |

(注) 1 従業員数は就業人員数であります。

2 従業員数欄の（外書）は，臨時従業員の年間平均雇用人員であります。

3 平均年間給与は，平均人員を基に算出しております。

4 全社（共通）として記載されている従業員数は，管理部門等の報告セグメントに属していない従業員であります。

### (3) 労働組合の状況 ・・・・・・・・・・・・・・・・・・・・・・・・・・・・・・・・・・・・・・・・・・・・・・・・・・・・・

労働組合は結成されておりませんが，労使関係については良好であります。

---

### point 関係会社の状況

主に子会社のリストであり，事業内容や親会社との関係についての説明がされている。特に製造業の場合などは子会社の数が多く，すべてを把握することは難しいが，重要な役割を担っている子会社も多くある。有報の他の項目では一度も触れられていない場合が多いので，気になる会社については個別に調べておくことが望ましい。

# 事業の状況

## 1 経営方針，経営環境及び対処すべき課題等

### (1) 会社の経営の基本方針

　当社グループは，「21世紀を代表する会社を創る」をビジョンに掲げ，インターネット分野に軸足をおき，事業を創造していくことを経営の基本方針として，努力してまいります。また，パーパス「新しい力とインターネットで日本の閉塞感を打破する」の元，企業活動を行い，会社・社員共に持続的な成長を実現するとともに日本社会のさらなる発展に貢献するという，パーパスの実現を目指してまいります。

### (2) 目標とする経営指標

　当社グループの重視する経営指標は，①売上高，②営業利益の2指標であります。高収益事業を開発・展開していくことにより利益率の向上を図ってまいります。また，中長期の柱に育てるべく新しい未来のテレビ「ABEMA」に先行投資をしており，投資期においても株主の皆様に中長期でご支援いただけるよう「DOE（自己資金配当率）5％以上」を経営指標の目安としております。

### (3) 中長期的な会社の経営戦略

　当社グループは，新しい未来のテレビ「ABEMA」を中心とした高収益なインターネットビジネスの総合企業となるべく，「ABEMA」のマスメディア化，インターネット広告事業のシェア拡大，ゲーム事業の継続的なヒットタイトルの創出等により，中長期的な企業価値の向上を図ってまいります。

### (4) 会社の対処すべき課題

当社グループは，以下3点を主な経営課題と認識しております。

① メディア事業

　新しい未来のテレビ「ABEMA」の規模拡大・マネタイゼーションの強化

② **インターネット広告事業**

運用力・技術力を強みにした広告効果最大化・シェア拡大

③ **ゲーム事業**

既存タイトルの運用によるロングラン化と新規ヒットの創出

これらの経営課題を解決して事業拡大・成長し続けるために，事業拡大に応じた内部管理体制やコーポレート・ガバナンスの充実を図りながら，人材採用・育成・活性化に積極的に取り組んでまいります。

## 2　事業等のリスク

当社グループの事業展開その他に関するリスク要因となる可能性があると考えられる主な事項を以下に記載しております。また，リスク要因に該当しない事項についても，投資者の投資判断上重要であると考えられる事項については，投資者に対する積極的な情報開示の観点から以下に開示しております。なお，当社グループは，これらのリスク発生の可能性を認識した上で，発生の回避及び発生した場合の対応に努める方針であります。　本項に記載した将来に関する事項は本書提出日現在において判断したものであります。

① **業界動向について** ……………………………………………………………

過去において，インターネットメディア市場，インターネット広告市場及びゲーム市場は，インターネット市場の拡大，インターネット利用者の増加，スマートデバイスの普及，企業の経済活動におけるインターネット利用の増加により成長を続けてまいりました。このような傾向は今後も継続していくと考えておりますが，インターネットメディア市場及びゲーム市場においては市場成長が阻害されるような状況が生じた場合，また，インターネット広告市場においては景気変動の影響を受けるため景況感が悪化した場合には，当社グループの業績及び財政状態に影響を与える可能性があります。

② **経営成績の変動について** ………………………………………………………

（ⅰ）　業績見通しについて

当社グループは，インターネット業界において多様なサービスを提供してお

り，今後の日本におけるインターネット人口や，インターネット関連市場の規模等が順調に推移しない場合や，新しいビジネスモデル等への対応が遅れた場合には，当社グループ全体の業績に影響を与える可能性があります。

また，当社グループは必要に応じて，人材の雇用，子会社及び関連会社の設立，投融資，事業提携等を積極的に行っていく方針であります。

過年度における当社グループの業績は，事業・子会社毎に毎期変動する傾向があり，市況の影響等を受ける場合もあり，当社グループの業績見通しの評価は過年度の経営成績に全面的に依拠することはできない面があります。そのため，業績見通しを公表している場合には，経営環境の変化等により実際の業績が公表した業績見通しと異なる可能性があります。なお，その場合には，速やかに業績見通しの修正を公表することとしております。

（ⅱ）　会計基準の変更について

近年，会計基準に関する国際的なルール整備が進む中で，当社グループは基準の変更等に対して適切かつ迅速な対応を行ってまいりました。しかしながら，将来において会計基準や税制の大きな変更があった場合には，当社グループの業績及び財政状態に影響を与える可能性があります。

③　**法的規制等について** ·················································

当社グループの事業領域においては，「特定デジタルプラットフォームの透明性及び公正性の向上に関する法律」，「特定電気通信役務提供者の損害賠償責任の制限及び発信者情報の開示に関する法律」，「不正アクセス行為の禁止等に関する法律」，「消費者契約法」，「医薬品，医療機器等の品質，有効性及び安全性の確保等に関する法律」，「不当景品類及び不当表示防止法」，「特定商取引に関する法律」，「個人情報の保護に関する法律」，「青少年が安全に安心してインターネットを利用できる環境の整備等に関する法律」，「資金決済に関する法律」，「食品衛生法」，「医療法」等の各種法令や，監督官庁・地方自治体の指針，ガイドライン等による規制を受けております。これらの法令の制定や改正，新たなガイドライン等や，自主規制ルールの策定または改定等が行われることにより，当社グループの事業が新たな制約を受け，または既存の規制が強化された場合，当社グループの業績

及び今後の事業展開に影響を与える可能性があります。また，当社グループの運営するサービスにおいて，万が一違法行為が起きた場合には，当該違法行為によって被害・損失を被った第三者より，当社グループが損害賠償請求等の訴訟を提起される可能性があります。なお，音楽著作権につきましては，一般社団法人日本音楽著作権協会（JASRAC）等の著作権管理団体や，原盤権等をはじめとした著作隣接権保有者に対する著作権使用料や許諾条件の変更または音楽著作権以外の新たな権利許諾等が必要となる場合には，当社グループの業績及び今後の事業展開に影響を与える可能性があります。

④ **内部管理体制について** ………………………………………………………………

当社グループは，グループ企業価値を最大化すべく，コーポレート・ガバナンスの充実を経営の重要課題と位置づけ，多様な施策を実施しております。また，業務の適正及び財務報告の信頼性を確保するため，これらに係る内部統制が有効に機能する体制を構築，整備，運用しております。しかしながら，事業の急速な拡大等により，十分な内部管理体制の構築が追いつかないという状況が生じる場合には，適切な業務運営が困難となり，当社グループの業績及び財政状態に影響を与える可能性があります。

⑤ **特定経営者への依存及び人材確保に係るリスクについて** ………………………

当社グループは，人材採用及び人材育成を重要な経営課題と位置づけており，インターネットビジネス業界における優位性を確保すべく，人材採用と人材育成に関する各種施策を継続的に講じております。しかしながら，十分な人材確保が困難となった場合や，急激な人材採用によりグループの協業，連携体制の維持が困難となった場合には，当社グループの業績及び財政状態に影響を与える可能性があります。

また，代表取締役を含む役員，幹部社員等の専門的な知識，技術，経験を有している役職員が，何らかの理由によって退任，退職し，後任者の採用が困難となった場合，当社グループの業績及び今後の事業展開に影響を与える可能性があります。

⑥ **情報セキュリティ，通信ネットワーク及びシステムに係るリスクについて** ┄

　当社グループは，当社グループのパートナー事業者と協力し，当社グループの
サービス提供に必要なコンピューターネットワークをはじめとする情報セキュリ
ティ等の強化を推進しております。しかし，コンピューターシステムの脆弱性，
実施済みのセキュリティ対策の危殆化，マルウェア・コンピューターウイルス，
コンピューターネットワークへの不正侵入，役職員・パートナー事業者の過誤，
パートナー事業者が提供するクラウドサービス等の予期せぬ障害，パートナー事
業者へのサイバー攻撃，自然災害，アクセス増加等の一時的な過負荷等に基づき，
重要データの漏洩，コンピュータープログラムの不正改ざん，システムダウン，
当社グループのサービス提供の停止等の損害が発生する可能性があります。その
結果，第三者からの損害賠償請求，当社グループの信用下落，収益機会の損失等
により，当社グループの業績及び今後の事業展開に影響を与える可能性がありま
す。

⑦ **個人情報の管理に係るリスクについて** ┄┄┄┄┄┄┄┄┄┄┄┄┄┄┄

　当社グループは，インターネット関連事業等を通じて取得した個人情報を保有
しており，これらの個人情報の管理について，「個人情報の保護に関する法律」の
規定に則って作成されたプライバシーポリシーを有し，その遵守に努めておりま
す。

　しかし，コンピューターシステムの脆弱性，コンピューターウイルス，外部か
らの不正な手段によるコンピューター内への侵入，役職員・パートナー事業者の
過誤，パートナー事業者へのサイバー攻撃，自然災害，急激なネットワークアク
セスの集中等に基づき，個人情報が漏洩した場合や個人情報の収集過程で問題が
生じた場合，また，昨今の個人情報の取り扱いに関する関心の高まりを受けて，
当社グループに法的な責任はない場合でも，社会的・モラル的な観点から責任を
問われる事態が生じた場合，当社グループへの損害賠償請求や信用の下落等によ
り，当社グループの業績及び今後の事業展開に影響を与える可能性があります。

---

**point** **従業員の状況**

　主力セグメントや，これまで会社を支えてきたセグメントの人数が多い傾向があるの
は当然のことだろう。上場している大企業であれば平均年齢は 40 歳前後だ。また労
働組合の状況にページが割かれている場合がある。その情報を載せている背景として，
労働組合の力が強く，人数を削減しにくい企業体質だということを意味している。

当社グループは，インターネット業界における技術革新，知的財産権ビジネスの拡大等に伴い，知的財産権の保護に努めるとともに，当社グループの役職員による第三者の知的財産権の侵害が発生しないよう，啓蒙及び社内管理体制を強化しております。

しかしながら，第三者が保有する知的財産権の内容により，当社グループが第三者から知的財産権侵害の訴訟，使用差止請求等を受けた場合，解決までに多額の費用と時間がかかり，当社グループの業績及び今後の事業展開に影響を与える可能性があります。

⑨ **自然災害，気候変動等に係るリスクについて** ⋯⋯⋯⋯⋯⋯⋯⋯⋯⋯⋯⋯⋯⋯⋯⋯⋯

地震や台風等の自然災害，気候変動に伴う異常気象，テロ攻撃，感染症の流行といった事象が発生した場合，当社グループの事業が大きな影響を受け，混乱状態に陥る可能性があります。当社グループは，こうした自然災害等が発生した場合には，適切かつ速やかに危機対策，復旧対応を行うよう努めておりますが，自然災害，コンピューターシステムの停止，停電や節電要請によるサービスの運営停止や開発遅延，社内インフラの停止，消失等の影響を完全に防止できる保証はなく，当該事象による営業活動への影響，ブランドイメージの毀損，物的，人的な損害等が発生する可能性があります。

当社グループは地球環境を保全し，持続可能な社会の実現に貢献するため，環境負荷の低減と事業活動の効率性の維持の両立に取り組んでいますが，低炭素社会への移行に伴う各種規制の拡大，炭素税の負担，低炭素技術を利用した機器への移行等により，財政状態への影響を受ける可能性があります。

さらに，当社グループの拠点及びコンピューターネットワークのインフラは，サービスによって一定の地域に集中しているため，同所で自然災害等が発生した場合には多大な損害を被る可能性があり，当社グループの業績及び今後の事業展開に影響を与える可能性があります。 また，新型コロナウイルスの感染拡大防止対応のために，スポーツ・イベント事業の興行・イベントが通常通り開催されない状態になること，及び，その他の事業において事業活動の制約や広告主によ

---

(point) **業績等の概要**

この項目では今期の売上や営業利益などの業績がどうだったのか，収益が伸びたあるいは減少した理由は何か，そして伸ばすためにどんなことを行ったかということがセグメントごとに分かる。現在，会社がどのようなビジネスを行っているのか最も分かりやすい箇所だと言える。

る広告費用の削減等へ影響が出るなど，当社グループの業績及び事業展開に影響を与える可能性があります。

⑩ **今後の事業展開に伴うリスクについて** ·················

　当社グループは，「21世紀を代表する会社を創る」というビジョンの元，インターネットユーザー及び広告主の両方向に接点を持ったビジネスモデルを特長とし，急激な成長・進化を遂げるインターネットビジネスの中で，当社ならではのスピードで常に新しい事業領域を創造し続けております。今後も，新たな事業の創出及び子会社，関連会社の設立，ならびに企業買収や海外展開等の方法によって，インターネット総合サービス企業として事業領域の拡大を図っていく方針であります。

　しかしながら，これらを実現するためには，新規人材の採用・設備の増強・事業開発費の発生等の追加支出が見込まれ，これらの事業が安定的に収益を生み出すにはしばらく時間がかかることが予想されます。さらに，競合企業への優位性確保のため，価格競争の激化による収益性の低下・利用者獲得費用等の増大を伴う可能性があります。

　また，海外へ事業展開を行っていく上で，各国の法令，規制，政治，社会情勢，為替変動，競合環境をはじめとした潜在的リスクに対処できないことも想定されます。従いまして，当社グループの方針どおりにビジネスが推移しない場合や，当社グループ管理体制が事業の拡大に追いつかず，子会社及び関連会社の内部管理体制に重大な不備が発生した場合，当社グループの業績に大きな影響を与える可能性とともに，グループ戦略再構築の可能性も出てまいります。

　また，当社グループは，インターネットメディア事業等一般消費者を対象とするサービスを展開していること等から，当社グループにとって予期せず風評被害を受ける可能性があります。かかる場合には，当社グループのブランドイメージが毀損し，当社グループの業績に影響を与える可能性があります。

⑪ **インターネットメディア・サービス事業に係るリスクについて** ·············

　「ABEMA」，ブログ，ソーシャルメディア，動画，音楽，デジタルデータ，情

報サイト等，当社グループが取扱うインターネットメディア事業は，インターネットを通じてコンテンツやサービス，データ等を提供しております。新規コンテンツ等の開発，既存サービスの機能拡充，更なるノウハウの蓄積による運営の安定化等により，ユーザーの獲得・維持を図っていく方針であります。しかしながら，幅広いユーザーに支持される魅力あるコンテンツやサービスの提供等ができない場合や市場の伸び悩み・停滞・縮小等が生じた場合は，当社グループの業績及び今後の事業展開に影響を与える可能性があります。

当社グループが取扱う，インターネットを通じたマッチングサービス事業は，安全対策ガイドライン「セーフティセンター」を設置する等，サービスの安心・安全な提供に努めております。しかしながら，ユーザーの拡大に伴う予期せぬ対応不備や，マッチングしたユーザー間でサービス内外でトラブル等が発生した場合，ユーザーからの信頼の喪失やブランドイメージの毀損により，当社グループの業績に影響を与える可能性があります。

また，インターネットメディア事業及びゲーム事業は，各カード会社，各プラットフォーム事業者，各通信キャリア等との契約に基づきコンテンツやサービスを提供しておりますが，「特定デジタルプラットフォームの透明性及び公正性の向上に関する法律」等の法規制や技術的な仕様の変更や，契約条件の変更，契約の解除やその他不測の事態が発生し，その対応が間に合わなかった場合，当社グループの業績及び今後の事業展開に影響を与える可能性があります。

### ⑫　ゲーム事業に係るリスクについて

当社グループが取扱うゲーム事業は，インターネットを通じて提供しております。新規ゲームの開発，既存サービスの機能拡充，更なるノウハウの蓄積による運営の安定化等により，ユーザーの獲得・維持を図っていく方針であります。しかしながら，ユーザーの嗜好の多様化や移り変わりへの対応，魅力的と受け止められる新規コンテンツの提供，既存コンテンツの陳腐化の防止等を行いながら幅広いユーザーに長く支持される魅力あるコンテンツやサービスの提供等ができない場合当社グループの業績及び今後の事業展開に影響を与える可能性があります。

また，ゲームの開発や運営にあたり十分な人材の確保及び適切な育成が困難となった場合や，急激な人材採用によりグループ内での協業，連携体制の維持が困難となった場合には，当社グループの業績及び財政状態に影響を与える可能性があります。

　当社では，ソーシャルゲームの利用環境に関する市場の健全な発展，ユーザーによるソーシャルゲームの適正利用の推進等を図ることを目的として，業界団体と連携を取りながら様々な施策を実施いたしておりますが，これに伴うシステム対応や体制強化の遅延等が発生した場合や，想定外の事態が発生した場合は，当社グループの業績及び今後の事業展開に影響を与える可能性があります。

　なお，世界保健機関が過度なゲーム依存を国際疾病（ゲーム障害）として認定する等の状況の変化やそれに伴う対応が必要となった場合は，当社グループの業績及び今後の事業展開に影響を与える可能性があります。

⑬　**インターネット広告事業に係るリスクについて** ………………………………

　当社グループが取扱うインターネット広告は，市場変化や景気動向の変動により広告主が広告費用を削減する等，景気動向の影響を受ける可能性があります。また，広告主の経営状態の悪化，広告の誤配信等により，広告代金の回収ができず，媒体社等に対する支払債務を負担する可能性があります。

　また，インターネット広告事業は，取引形態の性質上，媒体社からの仕入れに依存しており，媒体社との取引が継続されず広告枠や広告商品の仕入れができなくなった場合，OS事業者による Cookie規制，GDPR，eプライバシー規則，カリフォルニア州消費者プライバシー法（CCPA）等の国内外の個人情報に関する規制等を受けて取引条件・商材の仕様等が変更された場合，当社グループの業績に影響を与える可能性があります。さらに，インターネット広告事業は，複数の競合会社が存在し，当社及び当社グループメディアの販売強化や営業提案力の強化等を積極的に取り組んでおりますが，顧客獲得のための価格競争の激化により収益性の低下等を招き，当社グループの業績及び財政状態に影響を与える可能性があります。

　なお，AI事業では，広告配信システムの開発や改善，機能の追加，AIを活用

したクリエイティブの自動生成，データ分析やマーケティングの新たな手法の開発・導入等を積極的に行っておりますが，新たな技術や手法が出現した場合，競合企業への競争力が著しく低下する可能性があります。

また，AIを活用するにあたり，使用するデータ，活用の範囲，判断基準，決定にいたるアルゴリズムや成果物等については，偏向性や権利侵害性を回避したものである必要があることを理解したうえで慎重に進めていますが，それらの仕様・管理・判断が不十分なことにより，第三者の権利侵害等問題が生じた場合には，損害賠償責任等の発生や，信頼喪失等によって当社グループの業績に影響を与える可能性があります。

さらに，AI倫理に関する指針や法令・業界ガイドライン等による規制，スマートデバイスに搭載される OSの提供者によるガイドライン・機能の変更，提供ブラウザーの仕様変更により，当社グループの業績及び今後の事業展開に影響を与える可能性があります。

その他広告主，掲載媒体等が，当社グループが取扱う広告商品の利用にあたり，各種法令違反等の重大な事象を生じさせた場合，信用及びブランドイメージの低下等が生じる可能性があります。当社グループは，当社グループが取扱う広告の十分な審査体制や明確なルール等を構築及びその運用に努めており，デジタル広告の品質を認証する機関「一般社団法人デジタル広告品質認証機構（通称：JICDAQ）」の認証基準を満たし業務を適切に行っている事業者に付与される「JICDAQ認証」を取得しています。それにもかかわらず，本リスクが顕在化した場合，当社グループの業績及び財政状態に影響を与える可能性があります。

## ⑭ 投資育成事業に係るリスクについて

投資先企業のうち，公開企業につきましては，株価動向によって評価益が減少または評価損が増加する可能性があり，投資先企業の今後の業績によっては，投資が回収できず，当社グループの損益に影響を与える可能性があります。

また，未公開企業につきましては，その将来性における不確定要素により業績が悪化し，当社グループの業績，財政状態及び今後の事業展開に影響を与える可能性があります。

⑮　EC事業に係るリスクについて ················································

　　当社グループはEC（電子商取引）事業を展開しており，関係法令を遵守し，商品管理体制や仕入先との契約締結を徹底しておりますが，商品に法令違反または瑕疵等があり，当該商品の安全性等に問題が生じた場合には，損害賠償責任等の発生や，信頼喪失等によって当社グループの業績に影響を与える可能性があります。

⑯　スポーツ事業に係るリスクについて ·····································

　　当社グループは，スポーツ興行・イベント等の運営をはじめとするスポーツ事業を行っております。その興行の際には多数の観客が来場することから，必要な防止措置等を講じているものの事故等が発生する可能性があり，損害賠償責任等の発生や，信頼喪失等によって当社グループの業績に影響を与える可能性があります。

⑰　M&A（企業買収等）に係るリスクについて ·····························

　　当社グループは，更なる成長を目指すため，「ABEMA」周辺事業への参入とその強化や，既存事業のリソース・ノウハウを活かせる事業など新たな事業領域への参入とその強化を通じた収益の多角化を重要視しており，そのための手法の一つとして，今後，M&A等を含めた投融資を強化していきます。対象企業について事前に可能な限り詳細な審査を行い，十分にリスクを検討した上で，M&Aを進めてまいりますが，買収後に未認識債務の判明や偶発債務の発生等事前の調査で把握できなかった問題が生じること，買収後の事業の展開等が計画通りに進まないこと等が生じた場合には，当社グループの業績，財政状態及び今後の事業展開に影響を与える可能性があります。また，M&A等により，当社グループが行っていなかった新たな事業が加わる際には，その事業固有のリスク要因が加わることとなります。

⑱　飲食事業に係るリスクについて ········································

　　当社グループは，飲食店の運営等を行っており，品質管理・衛生管理を徹底し

ておりますが，万一，何らかの事情により食品事故等が発生した場合には，損害賠償責任等の発生や，信頼喪失等によって当社グループの業績に影響を与える可能性があります。

⑲ **不動産事業に係るリスクについて** ……………………………………………

　当社グループは，不動産事業を行っておりますが，国内外の各種要因による景気変動やそれに伴う雇用環境等に影響を受けやすい傾向があり，オフィス等の開発の需要の減少や空室率の上昇，又は賃料の水準低下等が起きた場合，当社グループの業績に影響を与える可能性があります。

⑳ **ヘルスケア事業に係るリスクについて** ……………………………………

　当社グループは，オンラインでの診療や服薬指導のシステム事業を行っておりますが，市場の伸び悩み・停滞・縮小，ユーザー動向の変化等に適切な対応ができなかった場合，当社グループの業績に影響を与える可能性があります。また，システムの不具合や誤配送，医師・薬剤師とユーザー間でのトラブル等が起きた場合についても，損害賠償責任等の発生や，信頼喪失等によって当社グループの業績に影響を与える可能性があります。

## 3　経営者による財政状態，経営成績及びキャッシュ・フローの状況の分析

**（経営成績等の状況の概要）**
**（1）　財政状態及び経営成績の状況** ……………………………………………

　当社グループは，スマートフォン市場の成長を取り込む一方で，中長期の柱に育てるため，新しい未来のテレビ「ABEMA」への投資をしつつ，当連結会計年度における売上高は710,575百万円（前年同期比6.6％増），営業利益は69,114百万円（前年同期比33.8％減），経常利益は69,464百万円（前年同期比33.6％減），親会社株主に帰属する当期純利益は24,219百万円（前年同期比41.7％減）となりました。

　セグメント別の経営成績は次のとおりであります。

① **メディア事業**

メディア事業には,「ABEMA」,「WINTICKET」,「Ameba」等が属しております。

新しい未来のテレビ「ABEMA」のWAUが過去最高を更新,周辺事業も増収し,売上高は112,142百万円(前年同期比35.3%増),営業損益は12,419百万円の損失計上(前年同期間15,141百万円の損失計上)となりました。

② **インターネット広告事業**

インターネット広告事業には,インターネット広告事業本部,AI事業本部,(株)CyberZ等が属しております。

高い増収率を継続し,シェア拡大により,売上高は376,819百万円(前年同期比17.3%増),営業損益は24,464百万円の利益計上(前年同期比8.4%増)となりました。

③ **ゲーム事業**

ゲーム事業には,(株)Cygames,(株)Colorful Palette,(株)サムザップ,(株)アプリボット等が属しております。

前期にリリースしたタイトルの反動がありつつも,高い水準を維持し,売上高は228,387百万円(前年同期比13.1%減),営業損益は60,531百万円の利益計上(前年同期比37.2%減)となりました。

④ **投資育成事業**

投資育成事業にはコーポレートベンチャーキャピタル,(株)サイバーエージェント・キャピタルにおけるファンド運営等が属しており,売上高は4,438百万円(前年同期比31.1%減),営業損益は2,524百万円の利益計上(前年同期比42.7%減)となりました。

⑤ **その他事業**

その他事業には,(株)マクアケ,(株)リアルゲイト,(株)ゼルビア等が属しており,売上高は25,716百万円(前年同期比18.3%増),営業損益は16百万円の損失計上(前年同期間479百万円の利益計上)となりました。

財政状態の状況

当連結会計年度末における総資産は383,698百万円(前連結会計年度末比

1,120百万円の増加）となりました。これは，主に事業拡大に伴う有形固定資産の増加によるものであります。

負債は160,783百万円（前連結会計年度末比27,649百万円の減少）となりました。これは，主に法人税等の支払に伴う未払法人税等の減少によるものであります。

純資産は222,915百万円（前連結会計年度末比28,770百万円の増加）となりました。これは，主に親会社株主に帰属する当期純利益の計上に伴う利益剰余金の増加及び非支配株主持分の増加によるものであります。

自己資本比率は37.6%（前連結会計年度末比3.9ポイント増）となりました。

## (2) キャッシュ・フローの状況 ‥‥‥‥‥‥‥‥‥‥‥‥‥‥‥‥‥‥‥‥‥‥‥‥

当連結会計年度末における現金及び現金同等物は，前連結会計年度末と比べて16,047百万円減少し，168,035百万円となりました。

当連結会計年度における各キャッシュ・フローの状況とそれらの要因は次のとおりであります。

### ① 営業活動によるキャッシュ・フロー

営業活動によるキャッシュ・フローは17,946百万円の増加（前年同期間は109,609百万円の増加）となりました。これは，主に利益の計上及び法人税等の支払によるものであります。

### ② 投資活動によるキャッシュ・フロー

投資活動によるキャッシュ・フローは31,412百万円の減少（前年同期間は28,537百万円の減少）となりました。これは，主に有形固定資産及び投資不動産の取得によるものであります。

### ③ 財務活動によるキャッシュ・フロー

財務活動によるキャッシュ・フローは2,801百万円の減少（前年同期間は374百万円の増加）となりました。これは，主に配当金の支払いによるものであります。

## (3) 生産，受注及び販売の状況 ············································

### ① 生産実績及び受注実績

当社グループの事業内容は多岐にわたっており，受注生産形態をとらない事業も多いことから，セグメント別に生産の規模及び受注の規模を金額あるいは数量で示すことが馴染まないため，記載しておりません。

### ② 販売実績

当連結会計年度における販売実績をセグメントごとに示すと，次のとおりであります。

| セグメントの名称 | 販売高(百万円) | 前年同期比(%) |
|---|---|---|
| メディア事業 | 112,142 | +35.3 |
| インターネット広告事業 | 376,819 | +17.3 |
| ゲーム事業 | 228,387 | △13.1 |
| 投資育成事業 | 4,438 | △31.1 |
| その他事業 | 25,716 | +18.3 |
| セグメント間取引 | △36,929 | |
| 合計 | 710,575 | +6.6 |

### ③ 仕入実績

当連結会計年度における仕入実績をセグメントごとに示すと，次のとおりであります。

| セグメントの名称 | 仕入高(百万円) | 前年同期比(%) |
|---|---|---|
| メディア事業 | 64,490 | +24.5 |
| インターネット広告事業 | 325,779 | +18.2 |
| ゲーム事業 | 51,610 | +22.8 |
| 投資育成事業 | 1,838 | △9.9 |
| その他事業 | 14,924 | +56.5 |
| セグメント間取引 | △27,895 | |
| 合計 | 430,747 | +20.8 |

### （経営者の視点による経営成績等の状況に関する分析・検討内容）

経営者の視点による当社グループの経営成績等の状況に関する認識及び分析・検討内容は次のとおりであります。

なお，文中の将来に関する事項は，当連結会計年度末現在において判断したものであります。

## (1) 重要な会計方針及び見積り ··················································

　当社グループの連結財務諸表は，わが国において一般に公正妥当と認められている会計基準に基づき作成されております。その作成には，経営者による会計方針の選択・適用，資産・負債及び収益・費用の報告金額及び開示に影響を与える見積りを必要としております。これらの見積もりについては，過去の実績等を勘案し合理的に判断しておりますが，実際の結果は，見積りによる不確実性のため，これらの見積りとは異なる場合があります。

　当社グループの連結財務諸表で採用する重要な会計方針は，「第5経理の状況1連結財務諸表等連結財務諸表作成のための基本となる重要な事項」に記載しております。

## (2) 経営成績の分析 ··························································

　当社グループの当連結会計年度における売上高は，インターネット広告事業にて高い増収率を継続し，シェアを拡大，メディア事業では新しい未来のテレビ「ABEMA」のWAUが過去最高を更新，周辺事業も増収し，710,575百万円（6.6%増加）となりました。営業利益は，ゲーム事業において，前期にリリースしたタイトルの反動がありつつも，高い水準を維持し，69,114百万円（33.8%減少），経常利益は69,464百万円（33.6%減少）となりました。親会社株主に帰属する当期純利益につきましては，ソフトウェアの減損，税金費用及び非支配株主に帰属する当期純利益等の計上により24,219百万円（41.7%減少）となりました。

## (3) キャッシュ・フローの状況の分析 ··································

　「第2　事業の状況　3　経営者による財政状態，経営成績及びキャッシュ・フローの状況の分析　経営成績等の状況の概要（2）キャッシュ・フローの状況」に記載のとおりであります。

## (4) 資本の財源及び資金の流動性 ··································

　当社グループの当連結会計年度末における現金及び現金同等物の残高は，168,035百万円となっております。

既存メディア事業，インターネット広告事業及びゲーム事業の拡大に伴う運転資金，新しい未来のテレビ「ABEMA」への先行投資，投資育成事業における投資や新規事業，将来的なM&A等の可能性に備えております。

　なお，当社グループは資金調達の機動性及び安定性の確保を目的として，複数の取引金融機関と当座貸越契約を締結しております。

## (5)　経営方針，経営戦略等又は経営上の目標の達成状況を判断するための客観的な指標等 ･･････････････････････････････････････････

　当社グループでは，株主の皆様に対する利益還元を経営の重要課題と認識しており，事業の成長，資本効率の改善等による中長期的な株主価値の向上とともに，配当を継続的に実施していきたいと考えております。現在，中長期の柱に育てるべく2016年9月期より新しい未来のテレビ「ABEMA」に先行投資をしており，投資期においても株主のみなさまに中長期でご支援いただけるよう2017年9月期より「DOE5%以上」を経営指標の目安としております。それに伴い2023年9月期の期末配当金を15円とし，経営指標の目安としている「DOE5%以上」を達成いたします。引き続き，ガバナンスを強化しながら，中長期で応援いただけるよう企業価値向上に努めてまいります。

## 設備の状況

### 1 設備投資等の概要

当連結会計年度における設備投資の総額は6,253百万円で,主要なものはオフィス設備の取得に伴うものであります。

### 2 主要な設備の状況

#### (1) 提出会社 ⋯⋯⋯⋯⋯⋯⋯⋯⋯⋯⋯⋯⋯⋯⋯⋯⋯⋯⋯⋯⋯⋯⋯⋯⋯⋯⋯⋯

2022年9月30日現在

| 事業所名<br>(所在地) | セグメントの名称 | 設備の内容 | 帳簿価額(百万円) | | | | | 従業員数<br>(名) |
|---|---|---|---|---|---|---|---|---|
| | | | 建物及び<br>構築物 | 工具、器具<br>及び備品 | ソフト<br>ウエア | その他 | 合計 | |
| 本社 他<br>(東京都渋谷区) | メディア事業<br>インターネット広告事業<br>ゲーム事業<br>投資育成事業<br>その他事業<br>全社(共通) | ソフトウエア、<br>ネットワーク関<br>連機器及び業務<br>施設等 | 3,547 | 1,735 | 792 | 739 | 6,814 | 1,977 |

(注) 帳簿価額のうち,「その他」はソフトウエア仮勘定等であります。

#### (2) 国内子会社 ⋯⋯⋯⋯⋯⋯⋯⋯⋯⋯⋯⋯⋯⋯⋯⋯⋯⋯⋯⋯⋯⋯⋯⋯⋯⋯⋯

2022年9月30日現在

| 事業所名<br>(所在地) | セグメントの名称 | 設備の内容 | 帳簿価額(百万円) | | | | | 従業員数<br>(名) |
|---|---|---|---|---|---|---|---|---|
| | | | 建物及び<br>構築物 | 工具、器具<br>及び備品 | ソフト<br>ウエア | その他 | 合計 | |
| ㈱Cygames<br>(東京都渋谷区) | ゲーム事業 | ソフトウエア、<br>ネットワーク関<br>連機器及び業務<br>施設等 | 3,858 | 3,391 | 2,875 | 5,778 | 15,903 | 1,481 |

(注) 帳簿価額のうち,「その他」はソフトウエア仮勘定等であります。

#### (3) 在外子会社 ⋯⋯⋯⋯⋯⋯⋯⋯⋯⋯⋯⋯⋯⋯⋯⋯⋯⋯⋯⋯⋯⋯⋯⋯⋯⋯⋯⋯

重要性がないため,記載を省略しております。

### 3 設備の新設,除却等の計画

重要な設備の新設及び除却等の計画はありません。

# 提出会社の状況

## 1　株式等の状況

### （1）　株式の総数等 ·················································································

#### ①　株式の総数

| 種類 | 発行可能株式総数(株) |
|---|---|
| 普通株式 | 1,517,119,200 |
| 計 | 1,517,119,200 |

#### ②　発行済株式

| 種類 | 事業年度末現在<br>発行数(株)<br>(2022年9月30日) | 提出日現在<br>発行数(株)<br>(2022年12月9日) | 上場金融商品取引所名又<br>は登録認可金融商品取引<br>業協会名 | 内容 |
|---|---|---|---|---|
| 普通株式 | 505,924,000 | 505,932,000 | 東京証券取引所<br>プライム市場 | 単元株式数は100株であり<br>ます。 |
| 計 | 505,924,000 | 505,932,000 | － | － |

(注)　「提出日現在発行数」欄には，2022年12月1日からこの有価証券報告書提出日までの新株予約権の行
　　　使により発行された株式数は含まれておりません。

## ■ 経理の状況

**1　連結財務諸表及び財務諸表の作成方法について** ⋯⋯⋯⋯⋯⋯⋯⋯

（1）　当社の連結財務諸表は，「連結財務諸表の用語，様式及び作成方法に関する規則」（1976年大蔵省令第28号。以下「連結財務諸表規則」という。）に基づいて作成しております。

（2）　当社の財務諸表は，「財務諸表等の用語，様式及び作成方法に関する規則」（1963年大蔵省令第59号。以下「財務諸表等規則」という。）に基づいて作成しております。

　なお，当社は，特例財務諸表提出会社に該当し，財務諸表等規則第127条の規定により財務諸表を作成しております。

**2　監査証明について** ⋯⋯⋯⋯⋯⋯⋯⋯⋯⋯⋯⋯⋯⋯⋯⋯⋯⋯⋯⋯

　当社は，金融商品取引法第193条の2第1項の規定に基づき，連結会計年度（2021年10月1日から2022年9月30日まで）の連結財務諸表及び事業年度（2021年10月1日から2022年9月30日まで）の財務諸表について，有限責任監査法人トーマツの監査を受けております。

**3　連結財務諸表等の適正性を確保するための特段の取組みについて** ⋯⋯⋯⋯

　当社は，連結財務諸表等の適正性を確保するための特段の取組みを行っております。

　具体的には，会計基準等の内容を適切に把握できる体制を整備するため，公益財団法人財務会計基準機構へ加入しております。また，各種研修に参加しております。

## （1）　連結財務諸表 ·············································

### ①　連結貸借対照表

（単位：百万円）

| | 前連結会計年度<br>（2021年9月30日） | | 当連結会計年度<br>（2022年9月30日） | |
|---|---:|---:|---:|---:|
| 資産の部 | | | | |
| 　流動資産 | | | | |
| 　　現金及び預金 | | 181,451 | | 165,907 |
| 　　受取手形及び売掛金 | | 75,300 | | － |
| 　　受取手形、売掛金及び契約資産 | | － | ※1 | 72,371 |
| 　　棚卸資産 | ※2 | 3,226 | ※2,※3 | 4,262 |
| 　　営業投資有価証券 | | 18,969 | | 16,457 |
| 　　その他 | | 22,832 | | 34,887 |
| 　　貸倒引当金 | | △130 | | △36 |
| 　　流動資産合計 | | 301,650 | | 293,850 |
| 　固定資産 | | | | |
| 　　有形固定資産 | | | | |
| 　　　建物及び構築物（純額） | | 9,761 | ※3 | 11,346 |
| 　　　工具、器具及び備品（純額） | | 5,221 | | 5,846 |
| 　　　その他 | | 1,757 | ※3 | 1,781 |
| 　　　有形固定資産合計 | ※4 | 16,740 | ※4 | 18,974 |
| 　　無形固定資産 | | | | |
| 　　　のれん | | 4,957 | | 4,843 |
| 　　　ソフトウエア | | 10,814 | | 5,076 |
| 　　　ソフトウエア仮勘定 | | 8,766 | | 10,205 |
| 　　　その他 | | 1,903 | | 1,927 |
| 　　　無形固定資産合計 | | 26,442 | | 22,054 |
| 　　投資その他の資産 | | | | |
| 　　　投資有価証券 | ※5 | 22,061 | ※5 | 22,907 |
| 　　　長期貸付金 | | 492 | | 226 |
| 　　　繰延税金資産 | | 8,454 | | 6,783 |
| 　　　その他 | | 6,792 | | 18,896 |
| 　　　貸倒引当金 | | △97 | | △17 |
| 　　　投資その他の資産合計 | | 37,702 | | 48,797 |
| 　　固定資産合計 | | 80,885 | | 89,826 |
| 　繰延資産 | | 42 | | 21 |
| 　資産合計 | | 382,578 | | 383,698 |

| | 前連結会計年度<br>（2021年9月30日） | 当連結会計年度<br>（2022年9月30日） |
|---|---|---|
| **負債の部** | | |
| 流動負債 | | |
| 　買掛金 | 56,055 | 59,212 |
| 　未払金 | 17,735 | 15,954 |
| 　短期借入金 | 1,037 | 2,380 |
| 　未払法人税等 | 29,723 | 5,036 |
| 　1年内償還予定の転換社債型新株予約権付社債 | － | 20,023 |
| 　その他 | 36,162 | ※3,※6　27,407 |
| 　流動負債合計 | 140,714 | 130,014 |
| 固定負債 | | |
| 　転換社債型新株予約権付社債 | 40,228 | 20,102 |
| 　長期借入金 | 1,174 | ※3　3,750 |
| 　勤続慰労引当金 | 1,851 | 2,787 |
| 　資産除去債務 | 1,974 | 2,250 |
| 　繰延税金負債 | 1,293 | 371 |
| 　その他 | 1,196 | 1,505 |
| 　固定負債合計 | 47,718 | 30,768 |
| 負債合計 | 188,433 | 160,783 |
| **純資産の部** | | |
| 株主資本 | | |
| 　資本金 | 7,203 | 7,239 |
| 　資本剰余金 | 11,198 | 11,636 |
| 　利益剰余金 | 100,794 | 119,204 |
| 　自己株式 | △67 | △1 |
| 　株主資本合計 | 119,128 | 138,079 |
| その他の包括利益累計額 | | |
| 　その他有価証券評価差額金 | 9,517 | 5,887 |
| 　為替換算調整勘定 | 237 | 298 |
| 　その他の包括利益累計額合計 | 9,755 | 6,185 |
| 新株予約権 | 1,320 | 1,747 |
| 非支配株主持分 | 63,940 | 76,903 |
| 純資産合計 | 194,145 | 222,915 |
| 負債純資産合計 | 382,578 | 383,698 |

---

**point 生産及び販売の状況**

　生産高よりも販売高の金額の方が大きい場合は，作った分よりも売れていることを意味するので，景気が良い，あるいは会社のビジネスがうまくいっていると言えるケースが多い。逆に販売額の方が小さい場合は製品が売れなく，在庫が増えて景気が悪くなっていると言える場合がある。

## ② 連結損益計算書及び連結包括利益計算書

## 連結損益計算書

（単位：百万円）

| | 前連結会計年度<br>（自 2020年10月 1 日<br>至 2021年 9 月30日） | 当連結会計年度<br>（自 2021年10月 1 日<br>至 2022年 9 月30日） |
|---|---:|---:|
| 売上高 | 666,460 | ※1 710,575 |
| 売上原価 | 434,465 | 491,417 |
| 売上総利益 | 231,995 | 219,158 |
| 販売費及び一般管理費 | ※2,※3 127,613 | ※2,※3 150,044 |
| 営業利益 | 104,381 | 69,114 |
| 営業外収益 | | |
| 受取利息 | 135 | 139 |
| 受取配当金 | 341 | 384 |
| 為替差益 | 150 | － |
| 受取賃貸料 | 10 | 163 |
| 助成金収入 | 70 | 110 |
| その他 | 153 | 201 |
| 営業外収益合計 | 861 | 999 |
| 営業外費用 | | |
| 支払利息 | 17 | 54 |
| 投資有価証券評価損 | 13 | 86 |
| 持分法による投資損失 | 314 | 313 |
| その他 | 203 | 193 |
| 営業外費用合計 | 548 | 648 |
| 経常利益 | 104,694 | 69,464 |
| 特別利益 | | |
| 投資有価証券売却益 | 8 | 491 |
| 関係会社株式売却益 | 1,578 | 805 |
| 固定資産売却益 | 1 | 330 |
| 受取保険金 | 429 | － |
| その他 | 184 | 6 |
| 特別利益合計 | 2,201 | 1,633 |
| 特別損失 | | |
| 減損損失 | ※4 5,102 | ※4 7,742 |
| その他 | 1,071 | 557 |
| 特別損失合計 | 6,173 | 8,299 |
| 税金等調整前当期純利益 | 100,722 | 62,798 |
| 法人税、住民税及び事業税 | 36,523 | 21,155 |
| 法人税等調整額 | △2,472 | 2,229 |
| 法人税等合計 | 34,051 | 23,385 |
| 当期純利益 | 66,671 | 39,413 |
| 非支配株主に帰属する当期純利益 | 25,117 | 15,194 |
| 親会社株主に帰属する当期純利益 | 41,553 | 24,219 |

---

(point) **対処すべき課題**

有報のなかで最も重要であり注目すべき項目。今，事業のなかで何かしら問題があれ
ばそれに対してどんな対策があるのか，上手くいっている部分をどう伸ばしていくの
かなどの重要なヒントを得ることができる。また今後の成長に向けた技術開発の方向
性や，新規事業の戦略についての理解を深めることができる。

## 連結包括利益計算書

（単位：百万円）

| | 前連結会計年度<br>（自 2020年10月 1 日<br>至 2021年 9 月30日） | 当連結会計年度<br>（自 2021年10月 1 日<br>至 2022年 9 月30日） |
|---|---|---|
| 当期純利益 | 66,671 | 39,413 |
| その他の包括利益 | | |
| 　その他有価証券評価差額金 | △1,383 | △3,516 |
| 　為替換算調整勘定 | 183 | 70 |
| 　持分法適用会社に対する持分相当額 | △95 | △3 |
| 　その他の包括利益合計 | ※1 △1,295 | ※1 △3,450 |
| 包括利益 | 65,376 | 35,963 |
| 　（内訳） | | |
| 　親会社株主に係る包括利益 | 40,246 | 20,649 |
| 　非支配株主に係る包括利益 | 25,129 | 15,313 |

③　連結株主資本等変動計算書

前連結会計年度（自　2020年10月1日　至　2021年9月30日）

（単位：百万円）

| | 株主資本 | | | | |
|---|---|---|---|---|---|
| | 資本金 | 資本剰余金 | 利益剰余金 | 自己株式 | 株主資本合計 |
| 当期首残高 | 7,203 | 8,048 | 63,529 | △315 | 78,466 |
| 当期変動額 | | | | | |
| 剰余金の配当 | | | △4,288 | | △4,288 |
| 自己株式の取得 | | | | △0 | △0 |
| 自己株式の処分 | | 201 | | 247 | 449 |
| 非支配株主との取引に係る親会社の持分変動 | | 2,948 | | | 2,948 |
| 連結範囲の変動 | | | △0 | | △0 |
| 親会社株主に帰属する当期純利益 | | | 41,553 | | 41,553 |
| 株主資本以外の項目の当期変動額（純額） | | | | | |
| 当期変動額合計 | － | 3,149 | 37,264 | 247 | 40,662 |
| 当期末残高 | 7,203 | 11,198 | 100,794 | △67 | 119,128 |

| | その他の包括利益累計額 | | | 新株予約権 | 非支配株主持分 | 純資産合計 |
|---|---|---|---|---|---|---|
| | その他有価証券評価差額金 | 為替換算調整勘定 | その他の包括利益累計額合計 | | | |
| 当期首残高 | 10,952 | 109 | 11,062 | 977 | 37,171 | 127,678 |
| 当期変動額 | | | | | | |
| 剰余金の配当 | | | | | | △4,288 |
| 自己株式の取得 | | | | | | △0 |
| 自己株式の処分 | | | | | | 449 |
| 非支配株主との取引に係る親会社の持分変動 | | | | | | 2,948 |
| 連結範囲の変動 | | | | | | △0 |
| 親会社株主に帰属する当期純利益 | | | | | | 41,553 |
| 株主資本以外の項目の当期変動額（純額） | △1,434 | 127 | △1,307 | 342 | 26,769 | 25,805 |
| 当期変動額合計 | △1,434 | 127 | △1,307 | 342 | 26,769 | 66,467 |
| 当期末残高 | 9,517 | 237 | 9,755 | 1,320 | 63,940 | 194,145 |

---

(point) **事業等のリスク**

　「対処すべき課題」の次に重要な項目。新規参入により長期的に価格競争が激しくなり企業の体力が奪われるようなことがあるため，その事業がどの程度参入障壁が高く安定したビジネスなのかなど考えるきっかけになる。また，規制や法律，訴訟なども企業によっては大きな問題になる可能性があるため，注意深く読む必要がある。

当連結会計年度（自　2021年10月1日　至　2022年9月30日）

（単位：百万円）

| | 株主資本 | | | | |
| | 資本金 | 資本剰余金 | 利益剰余金 | 自己株式 | 株主資本合計 |
|---|---|---|---|---|---|
| 当期首残高 | 7,203 | 11,198 | 100,794 | △67 | 119,128 |
| 会計方針の変更による累積的影響額 | | | △17 | | △17 |
| 会計方針の変更を反映した当期首残高 | 7,203 | 11,198 | 100,777 | △67 | 119,110 |
| 当期変動額 | | | | | |
| 新株の発行（新株予約権の行使） | 35 | 35 | | | 71 |
| 剰余金の配当 | | | △5,560 | | △5,560 |
| 自己株式の処分 | | 65 | | 66 | 131 |
| 非支配株主との取引に係る親会社の持分変動 | | 84 | | | 84 |
| 連結範囲の変動 | | 252 | △231 | | 20 |
| 親会社株主に帰属する当期純利益 | | | 24,219 | | 24,219 |
| 株主資本以外の項目の当期変動額（純額） | | | | | |
| 当期変動額合計 | 35 | 438 | 18,427 | 66 | 18,968 |
| 当期末残高 | 7,239 | 11,636 | 119,204 | △1 | 138,079 |

| | その他の包括利益累計額 | | | 新株予約権 | 非支配株主持分 | 純資産合計 |
| | その他有価証券評価差額金 | 為替換算調整勘定 | その他の包括利益累計額合計 | | | |
|---|---|---|---|---|---|---|
| 当期首残高 | 9,517 | 237 | 9,755 | 1,320 | 63,940 | 194,145 |
| 会計方針の変更による累積的影響額 | | | | | | △17 |
| 会計方針の変更を反映した当期首残高 | 9,517 | 237 | 9,755 | 1,320 | 63,940 | 194,127 |
| 当期変動額 | | | | | | |
| 新株の発行（新株予約権の行使） | | | | | | 71 |
| 剰余金の配当 | | | | | | △5,560 |
| 自己株式の処分 | | | | | | 131 |
| 非支配株主との取引に係る親会社の持分変動 | | | | | | 84 |
| 連結範囲の変動 | | | | | | 20 |
| 親会社株主に帰属する当期純利益 | | | | | | 24,219 |
| 株主資本以外の項目の当期変動額（純額） | △3,630 | 60 | △3,569 | 426 | 12,962 | 9,819 |
| 当期変動額合計 | △3,630 | 60 | △3,569 | 426 | 12,962 | 28,787 |
| 当期末残高 | 5,887 | 298 | 6,185 | 1,747 | 76,903 | 222,915 |

④ 連結キャッシュ・フロー計算書

（単位：百万円）

| | 前連結会計年度<br>（自 2020年10月 1 日<br>至 2021年 9 月30日） | 当連結会計年度<br>（自 2021年10月 1 日<br>至 2022年 9 月30日） |
|---|---|---|
| 営業活動によるキャッシュ・フロー | | |
| 税金等調整前当期純利益 | 100,722 | 62,798 |
| 減価償却費 | 10,111 | 8,685 |
| 減損損失 | 5,102 | 7,742 |
| 売上債権の増減額（△は増加） | △16,525 | － |
| 売上債権及び契約資産の増減額（△は増加） | | 1,325 |
| 仕入債務の増減額（△は減少） | 12,778 | 4,479 |
| 前払費用の増減額（△は増加） | △2,584 | △4,207 |
| 未払金の増減額（△は減少） | 3,943 | △1,217 |
| 未払消費税等の増減額（△は減少） | 10,549 | △12,786 |
| その他 | 2,954 | △3,940 |
| 小計 | 127,050 | 62,879 |
| 利息及び配当金の受取額 | 373 | 419 |
| 利息の支払額 | △17 | △54 |
| 法人税等の支払額 | △17,797 | △45,298 |
| 営業活動によるキャッシュ・フロー | 109,609 | 17,946 |
| 投資活動によるキャッシュ・フロー | | |
| 有形固定資産及び投資不動産の取得による支出 | △3,834 | △16,926 |
| 無形固定資産の取得による支出 | △8,632 | △9,164 |
| 投資有価証券の取得による支出 | △10,999 | △1,965 |
| 連結の範囲の変更を伴う子会社株式の売却による支出 | △7 | △1,637 |
| 連結の範囲の変更を伴う関係会社株式の売却による収入 | 1,780 | － |
| その他 | △6,844 | △1,717 |
| 投資活動によるキャッシュ・フロー | △28,537 | △31,412 |
| 財務活動によるキャッシュ・フロー | | |
| 短期借入金の純増減額（△は減少） | △202 | 2,373 |
| 長期借入れによる収入 | － | 3,181 |
| 投資事業組合員への分配金の支払額 | △617 | △1,769 |
| 配当金の支払額 | △4,290 | △5,556 |
| 連結の範囲の変更を伴わない子会社株式の売却による収入 | 1,454 | － |
| その他 | 4,030 | △1,029 |
| 財務活動によるキャッシュ・フロー | 374 | △2,801 |
| 現金及び現金同等物に係る換算差額 | 267 | 292 |
| 現金及び現金同等物の増減額（△は減少） | 81,714 | △15,975 |
| 現金及び現金同等物の期首残高 | 102,368 | 184,082 |
| 連結の範囲の変更に伴う現金及び現金同等物の増減額（△は減少） | － | △72 |
| 現金及び現金同等物の期末残高 | ※1 184,082 | ※1 168,035 |

【注記事項】
（連結財務諸表作成のための基本となる重要な事項）

1　連結の範囲に関する事項 ･･････････････････････････････････････

（1）　連結子会社の数　99社 ･･････････････････････････････････

主要な連結子会社

（株）AbemaTV

（株）WinTicket

（株）CyberZ

（株）Cygames

（株）Craft Egg

（株）Colorful Palette

（株）サムザップ

（株）アプリボット

（株）サイバーエージェント・キャピタル

（株）マクアケ

（株）リアルゲイト

（株）ゼルビア

（株）サイバーエージェント DX他8社は新規設立等により，（株）BABEL LABEL他3社は株式取得により，（株）シン・オクタゴンは重要性が増したことにより，当連結会計年度より連結の範囲に含めております。

（株）ビズボット他2社は解散等により，（株）CyberNOW他5社は吸収合併により，（株）マイクロアド他10社は株式売却により，連結の範囲から除外しております。

（2）　主要な非連結子会社の名称 ････････････････････････････････

特記すべき主要な非連結子会社はありません。

連結の範囲から除いた理由

非連結子会社は，いずれも小規模であり，合計の純資産，売上高，当期純損益（持分に見合う額）及び利益剰余金（持分に見合う額）等は，いずれも連結

財務諸表に重要な影響を及ぼしていないため，連結の範囲から除外しております。

2　持分法の適用に関する事項
(1)　持分法を適用した非連結子会社及び関連会社数　10社
主要な会社名

AWA（株）

（株）AbemaNews

（株）Prism Partner は新規設立等により，（株）マイクロアドは株式の売却に伴う持分比率の減少により，当連結会計年度より持分法の適用範囲に含め，Croco Advertising Co.,Ltd. は株式売却により，（株）ヒューマンキャピタルテクノロジーは吸収合併により，持分法の適用範囲から除外しております。

(2)　持分法を適用しない非連結子会社及び関連会社のうち主要な会社の名称
特記すべき主要な非連結子会社及び関連会社はありません。

持分法を適用しない理由

持分法を適用していない会社はいずれも，それぞれ当期純損益（持分に見合う額）及び利益剰余金（持分に見合う額）等からみて，持分法の対象から除いても連結財務諸表に及ぼす影響が軽微であり，かつ，全体としても重要性がないため，持分法の適用対象から除外しております。

(3)　他の会社の議決権の100分の20以上，100分の50以下を自己の計算において所有しているにも関わらず関連会社としなかった当該他の会社等の名称
特記すべき主要な関連会社はありません。

関連会社としなかった理由

当社の営業目的である投資育成のために取引したものであり，営業，人事，資金その他の取引を通して，投資先会社の支配を目的としたものではないため関連会社としておりません。

## 3 連結子会社の事業年度等に関する事項 ·································

　連結子会社の決算日は6社を除き9月30日であり，連結決算日と同一であります。

　上記6社の決算日は主に12月31日であります。連結財務諸表の作成にあたっては，連結決算日において，連結財務諸表作成の基礎となる財務諸表を作成するために必要とされる決算を行っております。

## 4 会計方針に関する事項 ································

### （1）　重要な資産の評価基準及び評価方法 ································

#### ①　その他有価証券（営業投資有価証券を含む）

市場価格のない株式等以外のもの

　時価法（評価差額は全部純資産直入法により処理し，売却原価は主として移動平均法により算定）を採用しております。

市場価格のない株式等

　移動平均法による原価法を採用しております。

#### ②　棚卸資産

商品及び仕掛品

　個別法による原価法（貸借対照表価額については収益性の低下に基づく簿価切下げの方法により算定）を採用しております。

### （2）　重要な減価償却資産の減価償却の方法 ································

#### ①　有形固定資産

　定額法を採用しております。なお，主な耐用年数は建物及び構築物5～38年，工具，器具及び備品5～8年であります。

#### ②　無形固定資産

　定額法を採用しております。なお，ソフトウエア（自社利用）については社内における見込利用可能期間（5年以内）に基づいております。

## (3) 重要な引当金の計上基準 ·············································

### ① 貸倒引当金

　債権の貸倒による損失に備えるために，一般債権については貸倒実績率により，貸倒懸念債権等特定の債権については個別に回収可能性を勘案し，回収不能見込額を計上しております。

### ② 勤続慰労引当金

　従業員の勤続に対する慰労金の支出に備えるため，内規に基づく支給見込額を計上しております。

## (4) のれんの償却方法及び償却期間 ·································

　個別案件毎に判断し，20年以内の合理的な年数で償却しております。なお，金額的に重要性のない場合には，発生時に全額償却しております。

## (5) 重要な収益及び費用の計上基準 ·································

　当社グループの主要な事業における主な履行義務の内容及び当該履行義務を充足する通常の時点（収益を認識する通常の時点）は以下のとおりであります。

　なお，本人としての性質が強いと判断される取引については，顧客から受領する対価の総額を収益として認識しておりますが，顧客への財又はサービスの提供において当社がその財又はサービスを支配しておらず，代理人に該当すると判断した取引については，顧客から受領する対価から関連する原価を控除した総額，あるいは手数料の金額を収益として認識しております。

　また，約束した対価の金額が，概ね1年以内に受領しており，重要な金融要素は含まれておりません。

### ① メディア事業

　メディア事業における収益は，主に広告収入及び課金収入からなります。広告収入における主な履行義務は，自社メディア等へ顧客の広告を配信することであり，当該履行義務は広告配信期間にわたって充足されるため，その配信期間にわたり収益を認識しております。課金収入における主な履行義務は，有料会員向けのサービス提供等であり，当該履行義務は契約期間にわたって充足されるため，

その契約期間に基づき収益を認識しております。

② **インターネット広告事業**

インターネット広告事業における主な履行義務は，顧客と合意した契約条件に基づいて広告をメディアに出稿することであり，当該履行義務は広告配信期間にわたって充足されるため，顧客との各契約条件に応じて収益を認識しております。

③ **ゲーム事業**

ゲーム事業における主な履行義務は，ユーザーがゲーム内通貨を使って獲得するアイテム等を利用できる環境を維持することであり，当該履行義務はユーザーによるアイテム等の利用に基づき充足されるため，その見積もり期間に基づき収益を認識しております。

**(6) 連結キャッシュ・フロー計算書における資金の範囲** ·······················

連結キャッシュ・フロー計算書における資金（現金及び現金同等物）は，手許現金，随時引き出し可能な預金及び容易に換金可能であり，かつ，価値の変動について僅少なリスクしか負わない，取得日から3ヶ月以内に償還期限の到来する短期投資からなっております。

**(7) その他連結財務諸表作成のための重要な事項** ·······························

① **連結納税制度の適用**

連結納税制度を適用しております。

② **連結納税制度からグループ通算制度への移行に係る税効果会計の適用**

当社及び一部の国内連結子会社は，翌連結会計年度から，連結納税制度からグループ通算制度へ移行することとなります。ただし，「所得税法等の一部を改正する法律」（2020年法律第8号）において創設されたグループ通算制度への移行及びグループ通算制度への移行にあわせて単体納税制度の見直しが行われた項目は，「連結納税制度からグループ通算制度への移行に係る税効果会計の適用に関する取扱い」（実務対応報告第39号2020年3月31日）第3項の取扱いにより「税効果会計に係る会計基準の適用指針」（企業会計基準適用指針第28号2018年2月16日）第44項の定めを適用せず，繰延税金資産及び繰延税金負債の額に

ついて，改正前の税法の規定に基づいております。

なお，翌連結会計年度の期首から，グループ通算制度を適用する場合における法人税及び地方法人税並びに税効果会計の会計処理及び開示の取扱いを定めた「グループ通算制度を適用する場合の会計処理及び開示に関する取扱い」（実務報告第42号　2021年8月21日）を適用する予定であります。

（重要な会計上の見積り）

記載事項はありません。

（会計方針の変更）

（収益認識に関する会計基準等の適用）

「収益認識に関する会計基準」（企業会計基準第29号2020年3月31日。以下「収益認識会計基準」という。）等を当連結会計年度の期首から適用し，約束した財又はサービスの支配が顧客に移転した時点で，当該財又はサービスと交換に受け取ると見込まれる金額で収益を認識しております。

これにより，主にゲーム事業におけるアイテム課金による収益は，従来，ユーザーがゲーム内通貨を使用し，アイテムを購入した時点で収益を認識しておりましたが，顧客の見積り利用期間に基づいて収益を認識する方法に変更しております。

収益認識会計基準等の適用については，収益認識会計基準第84項ただし書きに定める経過的な取扱いに従っており，当連結会計年度の期首より前に新たな会計方針を遡及適用した場合の累積的影響額を，当連結会計年度の期首の利益剰余金に加減し，当該期首残高から新たな会計方針を適用しております。この結果，当連結会計年度の損益及び利益剰余金期首残高に与える影響は軽微であります。

収益認識会計基準等を適用したため，前連結会計年度の連結貸借対照表において，「流動資産」に表示していた「受取手形及び売掛金」は，当連結会計年度より「受取手形，売掛金及び契約資産」に含めて表示しています。また，前連結会計年度の連結キャッシュ・フロー計算書において，「営業活動によるキャッシュ・フロー」に表示していた「売上債権の増減額（△は増加）」は，当連結会計年度より「売上債権及び契約資産の増減額（△は増加）」に含めて表示しています。ただし，

収益認識会計基準第89－2項に定める経過的な取扱いに従って，前連結会計年度について新たな表示方法により組替を行っておりません。

　なお，収益認識会計基準第89－3項に定める経過的な取扱いに従って，前連結会計年度に係る「収益認識関係」注記については記載しておりません。

　（時価の算定に関する会計基準等の適用）
　「時価の算定に関する会計基準」（企業会計基準第30号2019年7月4日。以下「時価算定会計基準」という。）等を当連結会計年度の期首から適用し，時価算定会計基準第19項及び「金融商品に関する会計基準」（企業会計基準第10号2019年7月4日）第44－2項に定める経過的な取扱いに従って，時価算定会計基準等が定める新たな会計方針を，将来にわたって適用することとしております。なお，連結財務諸表に与える影響はありません。

　また，「金融商品関係」注記において，金融商品の時価のレベルごとの内訳等に関する事項等の注記を行うこととしました。ただし，「金融商品の時価等の開示に関する適用指針」（企業会計基準適用指針第19号2019年7月4日）第7－4項に定める経過的な取扱いに従って，当該注記のうち前連結会計年度に係るものについては記載しておりません。

（表示方法の変更）
（連結損益計算書）
　前連結会計年度において，営業外収益の「その他」に含めて表示していた「受取賃貸料」及び「助成金収入」は，当連結会計年度において，営業外収益の総額の100分の10を超えたため，区分掲記しております。この表示方法の変更を反映させるため，前連結会計年度の連結財務諸表の組替えを行っております。

　この結果，営業外収益の「その他」に表示していた80百万円は，「受取賃貸料」10百万円及び「助成金収入」70百万円として組み替えております。

　前連結会計年度において，営業外費用の「その他」に含めて表示していた「投資有価証券評価損」は，当連結会計年度において，営業外費用の総額の100分の10を超えたため，区分掲記しております。この表示方法の変更を反映させる

ため，前連結会計年度の連結財務諸表の組替えを行っております。

　また，前連結会計年度において，区分掲記していた営業外費用の「貸倒引当金繰入額」は，当連結会計年度において，営業外費用の総額の100分の10以下となったため，当連結会計年度においては「その他」に含めております。この表示方法の変更を反映させるため，前連結会計年度の連結財務諸表の組替えを行っております。

　この結果，営業外費用の「その他」に表示していた132百万円は，「投資有価証券評価損」13百万円，「その他」118百万円として組み替えたうえで，営業外費用の「貸倒引当金繰入額」に表示していた84百万円は「その他」に組み替えております。

　前連結会計年度において，特別利益の「その他」に含めて表示していた「固定資産売却益」及び「投資有価証券売却益」は，当連結会計年度において，特別利益の総額の100分の10を超えたため，区分掲記しております。この表示方法の変更を反映させるため，前連結会計年度の連結財務諸表の組替えを行っております。

　この結果，特別利益の「その他」に表示していた9百万円は，「固定資産売却益」1百万円，「投資有価証券売却益」8百万円として組み替えております。

（連結キャッシュ・フロー計算書）

　前連結会計年度において，営業活動によるキャッシュ・フローの「その他」に含めて表示していた「前払費用の増減額（△は増加）」は，当連結会計年度において，重要性が増したため，区分掲記しております。この表示方法の変更を反映させるため，前連結会計年度の連結財務諸表の組替えを行っております。

　また，前連結会計年度において，区分掲記していた営業活動によるキャッシュ・フローの「前受金の増減額（△は減少）」「関係会社株式売却損益（△は益）」は，当連結会計年度において，重要性が乏しくなったため，「その他」に含めて表示しております。この表示方法の変更を反映させるため，前連結会計年度の連結財務諸表の組替えを行っております。

　この結果，営業活動によるキャッシュ・フローの「その他」に表示していた △

1,588百万円は,「前払費用の増減額(△は増加)」△2,584百万円,「その他」996百万円として組み替えたうえで,営業活動によるキャッシュ・フローの「前受金の増減額(△は減少)」に表示していた3,396百万円,「関係会社株式売却損益(△は益)」に表示していた△1,438百万円は,「その他」として組み替えております。

前連結会計年度において,投資活動によるキャッシュ・フローに表示していた「有形固定資産の取得による支出」は,当連結会計年度において,投資不動産の取得による支出が発生したため,当連結会計年度より,「有形固定資産及び投資不動産の取得による支出」に科目名を変更しております。この表示方法の変更を反映させるため,前連結会計年度の連結財務諸表の科目名を変更しております。

前連結会計年度において,投資活動によるキャッシュ・フローの「その他」に含めて表示していた「連結の範囲の変更を伴う子会社株式の売却による支出」は,当連結会計年度において,重要性が増したため,区分掲記しております。この表示方法の変更を反映させるため,前連結会計年度の連結財務諸表の組替えを行っております。

また,前連結会計年度において,区分掲記していた投資活動によるキャッシュ・フローの「連結の範囲の変更を伴う子会社株式の取得による支出」は,当連結会計年度において,重要性が乏しくなったため,「その他」に含めて表示しております。この表示方法の変更を反映させるため,前連結会計年度の連結財務諸表の組替えを行っております。

この結果,投資活動によるキャッシュ・フローの「その他」に表示していた △1,495百万円は,「連結の範囲の変更を伴う子会社株式の売却による支出」△7百万円,「その他」△1,487百万円として組み替えたうえで,「連結の範囲の変更を伴う子会社株式の取得による支出」△5,356百万円は,「その他」として組み替えております。

前連結会計年度において,財務活動によるキャッシュ・フローの「その他」に含めて表示していた「短期借入金の純増減額(△は減少)」「投資事業組合員への分配金の支払額」は,当連結会計年度において,重要性が増したため,区分掲記しております。この表示方法の変更を反映させるため,前連結会計年度の連結財

務諸表の組替えを行っております。

　また，前連結会計年度において，区分掲記していた財務活動によるキャッシュ・フローの「非支配株主からの払込みによる収入」は，当連結会計年度において，重要性が乏しくなったため，「その他」に含めて表示しております。この表示方法の変更を反映させるため，前連結会計年度の連結財務諸表の組替えを行っております。

　この結果，財務活動によるキャッシュ・フローの「その他」に表示していた △805百万円は，「短期借入金の純増減額（△は減少）」△202百万円，「投資事業組合員への分配金の支払額」△617百万円，「その他」14百万円として組み替えたうえで，「非支配株主からの払込みによる収入」4,016百万円は，「その他」として組み替えております。

## 2 財務諸表等

## （1） 財務諸表 ………………………………………………………………

## ① 貸借対照表

（単位：百万円）

| | 前事業年度<br>（2021年9月30日） | 当事業年度<br>（2022年9月30日） |
|---|---|---|
| 資産の部 | | |
| 　流動資産 | | |
| 　　現金及び預金 | 5,821 | 1,473 |
| 　　受取手形 | 503 | 434 |
| 　　売掛金 | 25,678 | 26,009 |
| 　　営業投資有価証券 | 18,410 | 16,017 |
| 　　前払費用 | 2,368 | 2,159 |
| 　　その他 | 7,975 | 9,527 |
| 　　貸倒引当金 | △84 | △75 |
| 　　流動資産合計 | 60,674 | 55,546 |
| 　固定資産 | | |
| 　　有形固定資産 | | |
| 　　　建物 | 3,670 | 3,547 |
| 　　　工具、器具及び備品 | 2,005 | 1,735 |
| 　　　その他 | 227 | 213 |
| 　　　有形固定資産合計 | 5,903 | 5,495 |
| 　　無形固定資産 | | |
| 　　　ソフトウェア | 2,769 | 792 |
| 　　　その他 | 842 | 525 |
| 　　　無形固定資産合計 | 3,611 | 1,318 |
| 　　投資その他の資産 | | |
| 　　　投資有価証券 | 19,810 | 17,935 |
| 　　　関係会社株式 | 14,793 | 15,048 |
| 　　　出資金 | 28 | 300 |
| 　　　関係会社長期貸付金 | 116,755 | 133,147 |
| 　　　繰延税金資産 | － | 1,050 |
| 　　　その他 | 689 | 670 |
| 　　　貸倒引当金 | △97,654 | △98,083 |
| 　　　投資その他の資産合計 | 54,421 | 70,068 |
| 　　固定資産合計 | 63,937 | 76,883 |
| 　繰延資産 | 22 | 12 |
| 　資産合計 | 124,633 | 132,442 |

（単位：百万円）

| | 前事業年度<br>（2021年9月30日） | 当事業年度<br>（2022年9月30日） |
|---|---|---|
| **負債の部** | | |
| **流動負債** | | |
| 買掛金 | 32,730 | 35,248 |
| 未払金 | 4,627 | 5,953 |
| 未払費用 | 2,075 | 1,106 |
| 未払法人税等 | 1,978 | 1,856 |
| 前受金 | 1,913 | － |
| 契約負債 | － | 1,859 |
| 預り金 | 1,354 | 6,548 |
| 1年内償還予定の転換社債型新株予約権付社債 | － | 20,023 |
| その他 | 1,569 | 303 |
| 流動負債合計 | 46,248 | 72,899 |
| **固定負債** | | |
| 転換社債型新株予約権付社債 | 40,228 | 20,102 |
| 勤続慰労引当金 | 1,433 | 2,088 |
| 資産除去債務 | 876 | 1,046 |
| 繰延税金負債 | 873 | － |
| 固定負債合計 | 43,412 | 23,237 |
| 負債合計 | 89,661 | 96,136 |
| **純資産の部** | | |
| **株主資本** | | |
| 資本金 | 7,203 | 7,239 |
| 資本剰余金 | | |
| 資本準備金 | 2,289 | 2,325 |
| その他資本剰余金 | 867 | 933 |
| 資本剰余金合計 | 3,157 | 3,259 |
| 利益剰余金 | | |
| その他利益剰余金 | | |
| 繰越利益剰余金 | 13,699 | 18,158 |
| 利益剰余金合計 | 13,699 | 18,158 |
| 自己株式 | △67 | △1 |
| 株主資本合計 | 23,992 | 28,655 |
| 評価・換算差額等 | | |
| その他有価証券評価差額金 | 9,510 | 5,705 |
| 為替換算調整勘定 | 179 | 251 |
| 評価・換算差額等合計 | 9,690 | 5,957 |
| 新株予約権 | 1,289 | 1,693 |
| 純資産合計 | 34,972 | 36,306 |
| 負債純資産合計 | 124,633 | 132,442 |

## ② 損益計算書

（単位：百万円）

| | 前事業年度<br>（自 2020年10月1日<br>至 2021年9月30日) | 当事業年度<br>（自 2021年10月1日<br>至 2022年9月30日) |
|---|---|---|
| 売上高 | 314,857 | 363,045 |
| 売上原価 | 268,934 | 316,303 |
| 売上総利益 | 45,922 | 46,741 |
| 販売費及び一般管理費 | ※1 27,763 | ※1 34,639 |
| 営業利益 | 18,158 | 12,102 |
| 営業外収益 | | |
| 受取利息 | 451 | 496 |
| 受取配当金 | 7,745 | 2,855 |
| その他 | 95 | 11 |
| 営業外収益合計 | 8,292 | 3,364 |
| 営業外費用 | | |
| 支払利息 | – | 2 |
| 社債発行費償却 | 11 | 11 |
| 貸倒引当金繰入額 | 690 | 508 |
| 投資有価証券評価損 | 52 | 235 |
| 為替差損 | – | 181 |
| その他 | 38 | 24 |
| 営業外費用合計 | 793 | 963 |
| 経常利益 | 25,657 | 14,502 |
| 特別利益 | | |
| 関係会社株式売却益 | 1,035 | 967 |
| 抱合せ株式消滅差益 | 1,286 | – |
| その他 | 67 | 0 |
| 特別利益合計 | 2,389 | 967 |
| 特別損失 | | |
| 減損損失 | 427 | 1,444 |
| 関係会社株式評価損 | 495 | 310 |
| 貸倒引当金繰入額 | 90,000 | – |
| その他 | 380 | 53 |
| 特別損失合計 | 91,303 | 1,808 |
| 税引前当期純利益又は税引前当期純損失（△） | △63,256 | 13,661 |
| 法人税、住民税及び事業税 | 5,625 | 3,885 |
| 法人税等調整額 | 146 | △241 |
| 法人税等合計 | 5,772 | 3,643 |
| 当期純利益又は当期純損失（△） | △69,028 | 10,018 |

## 売上原価明細書

| 区分 | 注記番号 | 前事業年度 （自 2020年10月1日 至 2021年9月30日） | | 当事業年度 （自 2021年10月1日 至 2022年9月30日） | |
|---|---|---|---|---|---|
| | | 金額(百万円) | 構成比 (%) | 金額(百万円) | 構成比 (%) |
| Ⅰ 媒体費 | | 229,514 | 85.1 | 269,459 | 85.0 |
| Ⅱ 労務費 | | 4,182 | 1.6 | 4,514 | 1.4 |
| Ⅲ 外注費 | | 19,482 | 7.2 | 23,909 | 7.5 |
| Ⅳ 経費 | | 15,479 | 5.7 | 17,773 | 5.6 |
| Ⅴ 投資育成事業売上原価 | | 1,041 | 0.4 | 1,239 | 0.4 |
| 当期総仕入高 | | 269,700 | 100.0 | 316,897 | 100.0 |
| 期首商品及び仕掛品棚卸高 | | 270 | | 265 | |
| 合計 | | 269,971 | | 317,163 | |
| 期末商品及び仕掛品棚卸高 | | 265 | | 341 | |
| 他勘定振替高 | | 771 | | 517 | |
| 当期売上原価 | | 268,934 | | 316,303 | |

（注）　原価計算の方法

　　　　当社の原価計算は，実際個別原価計算であります。

③ 株主資本等変動計算書

前事業年度（自　2020年10月1日　至　2021年9月30日）

（単位：百万円）

| | 株主資本 | | | | | |
|---|---|---|---|---|---|---|
| | | 資本剰余金 | | | 利益剰余金 | |
| | 資本金 | 資本準備金 | その他資本剰余金 | 資本剰余金合計 | その他利益剰余金 繰越利益剰余金 | 利益剰余金合計 |
| 当期首残高 | 7,203 | 2,289 | 666 | 2,956 | 87,016 | 87,016 |
| 当期変動額 | | | | | | |
| 　剰余金の配当 | | | | | △4,288 | △4,288 |
| 　自己株式の取得 | | | | | | |
| 　自己株式の処分 | | | 201 | 201 | | |
| 　当期純利益 | | | | | △69,028 | △69,028 |
| 　株主資本以外の項目の当期変動額（純額） | | | | | | |
| 　当期変動額合計 | － | － | 201 | 201 | △73,317 | △73,317 |
| 当期末残高 | 7,203 | 2,289 | 867 | 3,157 | 13,699 | 13,699 |

| | 株主資本 | | 評価・換算差額等 | | | 新株予約権 | 純資産合計 |
|---|---|---|---|---|---|---|---|
| | 自己株式 | 株主資本合計 | その他有価証券評価差額金 | 為替換算調整勘定 | 評価・換算差額等合計 | | |
| 当期首残高 | △315 | 96,860 | 10,777 | 139 | 10,916 | 963 | 108,741 |
| 当期変動額 | | | | | | | |
| 　剰余金の配当 | | △4,288 | | | | | △4,288 |
| 　自己株式の取得 | △0 | △0 | | | | | △0 |
| 　自己株式の処分 | 248 | 449 | | | | | 449 |
| 　当期純利益 | | △69,028 | | | | | △69,028 |
| 　株主資本以外の項目の当期変動額（純額） | | | △1,266 | 40 | △1,226 | 325 | △900 |
| 　当期変動額合計 | 247 | △72,867 | △1,266 | 40 | △1,226 | 325 | △73,768 |
| 当期末残高 | △67 | 23,992 | 9,510 | 179 | 9,690 | 1,289 | 34,972 |

当事業年度（自　2021年10月1日　至　2022年9月30日）

（単位：百万円）

| | 株主資本 | | | | | |
| | 資本金 | 資本剰余金 | | | 利益剰余金 | |
| | | 資本準備金 | その他資本剰余金 | 資本剰余金合計 | その他利益剰余金 繰越利益剰余金 | 利益剰余金合計 |
|---|---|---|---|---|---|---|
| 当期首残高 | 7,203 | 2,289 | 867 | 3,157 | 13,699 | 13,699 |
| 当期変動額 | | | | | | |
| 新株の発行（新株予約権の行使） | 35 | 35 | | 35 | | |
| 剰余金の配当 | | | | | △5,560 | △5,560 |
| 自己株式の取得 | | | | | | |
| 自己株式の処分 | | | 65 | 65 | | |
| 当期純利益 | | | | | 10,018 | 10,018 |
| 株主資本以外の項目の当期変動額（純額） | | | | | | |
| 当期変動額合計 | 35 | 35 | 65 | 101 | 4,458 | 4,458 |
| 当期末残高 | 7,239 | 2,325 | 933 | 3,259 | 18,158 | 18,158 |

| | 株主資本 | | 評価・換算差額等 | | | 新株予約権 | 純資産合計 |
| | 自己株式 | 株主資本合計 | その他有価証券評価差額金 | 為替換算調整勘定 | 評価・換算差額等合計 | | |
|---|---|---|---|---|---|---|---|
| 当期首残高 | △67 | 23,992 | 9,510 | 179 | 9,690 | 1,289 | 34,972 |
| 当期変動額 | | | | | | | |
| 新株の発行（新株予約権の行使） | | 71 | | | | | 71 |
| 剰余金の配当 | | △5,560 | | | | | △5,560 |
| 自己株式の取得 | | － | | | | | － |
| 自己株式の処分 | 66 | 131 | | | | | 131 |
| 当期純利益 | | 10,018 | | | | | 10,018 |
| 株主資本以外の項目の当期変動額（純額） | | | △3,805 | 72 | △3,733 | 404 | △3,328 |
| 当期変動額合計 | 66 | 4,662 | △3,805 | 72 | △3,733 | 404 | 1,333 |
| 当期末残高 | △1 | 28,655 | 5,705 | 251 | 5,957 | 1,693 | 36,306 |

【注記事項】
（重要な会計方針）

## 1 資産の評価基準及び評価方法

### （1） 子会社株式及び関連会社株式 ……………………………………………
移動平均法による原価法を採用しております。

### （2） その他有価証券（営業投資有価証券を含む） ……………………………

① 市場価格のない株式等以外のもの

時価法（評価差額は全部純資産直入法により処理し，売却原価は主として移動平均法により算定）を採用しております。

② 市場価格のない株式等

移動平均法による原価法を採用しております。

### （3） 棚卸資産の評価基準及び評価方法 ………………………………………
商品及び仕掛品

個別法による原価法（貸借対照表価額については収益性の低下に基づく簿価切下げの方法により算定）を採用しております。

## 2 固定資産の減価償却の方法 …………………………………………………

### （1） 有形固定資産 ……………………………………………………………
定額法を採用しております。なお，主な耐用年数は建物5〜15年，工具，器具及び備品5〜8年であります。

### （2） 無形固定資産 ……………………………………………………………
定額法を採用しております。なお，ソフトウエア（自社利用）については，社内における見込利用可能期間（5年以内）に基づいております。

## 3 引当金の計上基準 ……………………………………………………………

### (1) 貸倒引当金 …………………………………………………………………

　債権の貸倒による損失に備えるために，一般債権については貸倒実績率により，貸倒懸念債権等特定の債権については個別に回収可能性を勘案し，回収不能見込額を計上しております。

### (2) 勤続慰労引当金 ……………………………………………………………

　従業員の勤続に対する慰労金の支出に備えるため，内規に基づく支給見込額を計上しております。

## 4 収益及び費用の計上基準 ……………………………………………………

　当社の主要な事業における主な履行義務の内容及び当該履行義務を充足する通常の時点（収益を認識する通常の時点）は以下のとおりであります。

　なお，本人としての性質が強いと判断される取引については，顧客から受領する対価の総額を収益として認識しておりますが，顧客への財又はサービスの提供において当社がその財又はサービスを支配しておらず，代理人に該当すると判断した取引については，顧客から受領する対価から関連する原価を控除した総額，あるいは手数料の金額を収益として認識しております。

　また，約束した対価の金額は，概ね1年以内に受領しており，重要な金融要素は含まれておりません。

### (1) メディア事業 ……………………………………………………………

　メディア事業における主な履行義務は，自社メディア等へ顧客の広告を配信することであり，当該履行義務は広告配信期間にわたって充足されるため，その配信期間にわたり収益を認識しております。

### (2) インターネット広告事業 …………………………………………………

　インターネット広告事業における主な履行義務は，顧客と合意した契約条件に基づいて広告をメディアに出稿することであり，当該履行義務は広告配信期間にわたって充足されるため，顧客との各契約条件に応じて収益を認識しております。

## 5 その他財務諸表作成のための基本となる重要な事項 ·····················

### （1） 連結納税制度の適用 ·······················································

連結納税制度を適用しております。

### （2） 連結納税制度からグループ通算制度への移行に係る税効果会計の適用 ·····

当社は，翌事業年度から，連結納税制度からグループ通算制度へ移行すること
となります。ただし，「所得税法等の一部を改正する法律」（2020年法律第8号）
において創設されたグループ通算制度への移行及びグループ通算制度への移行に
あわせて単体納税制度の見直しが行われた項目については，「連結納税制度から
グループ通算制度への移行に係る税効果会計の適用に関する取扱い」（実務対応
報告第39号2020年3月31日）第3項の取扱いにより，「税効果会計に係る会計
基準の適用指針」（企業会計基準適用指針第28号2018年2月16日）第44項の
定めを適用せず，繰延税金資産及び繰延税金負債の額について，改正前の税法の
規定に基づいております。

なお，翌事業年度の期首から，グループ通算制度を適用する場合における法人
税及び地方法人税並びに税効果会計の会計処理及び開示の取扱いを定めた「グ
ループ通算制度を適用する場合の会計処理及び開示に関する取扱い」（実務報告
第42号　2021年8月21日）を適用する予定であります。

（重要な会計上の見積り）
関係会社への貸付金に対する貸倒引当金

### （1） 当事業年度の財務諸表に計上した金額 ·································

（百万円）

|  | 前事業年度 | 当事業年度 |
|---|---|---|
| 関係会社長期貸付金 | 116,755 | 133,147 |
| 関係会社長期貸付金に対する貸倒引当金 | 97,654 | 98,076 |

### （2） 識別した項目に係る重要な会計上の見積りの内容に関する情報 ···········

関係会社貸付金について，個別に財政状態及び経営成績等の状況を勘案し，必
要に応じ貸倒引当金を計上しております。

これらの評価に使用した主な仮定は，各関係会社の事業計画及び成長であり，関連する業種の将来の趨勢に関する経営者の評価を反映し，外部情報及び内部情報の両方から得られた過去のデータを基礎としております。

　当該関係会社の財政状態及び経営成績の状況によっては，翌事業年度の財務諸表において貸倒引当金の金額に影響を及ぼす可能性があります。

（会計方針の変更）
　（収益認識に関する会計基準等の適用）
　「収益認識に関する会計基準」（企業会計基準第29号 2020年3月31日。以下「収益認識会計基準」という。）等を当事業年度の期首から適用し，約束した財又はサービスの支配が顧客に移転した時点で，当該財又はサービスと交換に受け取ると見込まれる金額で収益を認識しております。

　また，収益認識会計基準等の適用については，収益認識会計基準第84項ただし書きに定める経過的な取扱いに従っており，当事業年度の期首より前に新たな会計方針を遡及適用した場合の累積的影響額を，当事業年度の期首の利益剰余金に加減し，当該期首残高から新たな会計方針を適用しております。この結果，当事業年度の損益及び利益剰余金期首残高に与える影響はありません。

　なお，収益認識会計基準第89−3項に定める経過的な取扱いに従って，前事業年度に係る「収益認識関係」注記については記載しておりません。

　（時価の算定に関する会計基準等の適用）
　「時価の算定に関する会計基準」（企業会計基準第30号 2019年7月4日。以下「時価算定会計基準」という。）等を当事業年度の期首から適用し，時価算定会計基準第19項及び「金融商品に関する会計基準」（企業会計基準第10号 2019年7月4日）第44−2項に定める経過的な取扱いに従って，時価算定会計基準等が定める新たな会計方針を，将来にわたって適用することとしております。なお，財務諸表に与える影響はありません。

（表示方法の変更）

（損益計算書）

（1） 前事業年度において，営業外費用の「その他」に含めておりました「投資有価証券評価損」（前事業年52百万円）は，当事業年度において，営業外費用の総額の100分の10を超えたため，区分掲記しております。

（2） 前事業年度において，特別損失の「その他」に含めておりました「関係会社株式評価損」（前事業年度495百万円）は，当事業年度において，特別損失の総額の100分の10を超えたため，区分掲記しております。

# 第2章

## 情報通信·IT業界の "今"を知ろう

企業の募集情報は手に入れた。しかし，それだけではまだ不十分。企業単位ではなく，業界全体を俯瞰する視点は，面接などでもよく問われる重要ポイントだ。この章では直近1年間の運輸業界を象徴する重大ニュースをまとめるとともに，今後の展望について言及している。また，章末には運輸業界における有名企業（一部抜粋）のリストも記載してあるので，今後の就職活動の参考にしてほしい。

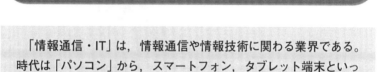

　「情報通信・IT」は，情報通信や情報技術に関わる業界である。時代は「パソコン」から，スマートフォン，タブレット端末といった「モバイル」へとシフトしている。

## ❖ IT情報サービスの動向

　情報技術（IT)の適用範囲は，さまざまな企業や職種，そして個人へと加速度的に広がっている。2022年の国内IT市場規模は，前年比3.3％増の6兆734億円となった。ITサービス事業者の業務にリモートワークが定着し，停滞していた商談やプロジェクト，サービス提供が回復したことが要因と見られる。

　引き続きスマートフォンが市場を牽引しているが，今後，海外市場での需要の高まりなどを背景に，設備投資を拡大する組立製造，電力自由化において競争力強化を行う電力/ガス事業，eコマース（EC）がSNSを中心とした新たなチャネルへ移行している情報サービスなどで，高い成長率が期待される。

　また，クラウド化やテレワーク対応などのデジタルトランスフォーメーション（DX）需要がコロナ禍において急増，コロナ後も需要は継続している。

### ●グローバルな再編が進むIT企業

　新しいツールを駆使したビジネスにおいて，進化の早い技術に対応し，標準的なプラットフォームを構築するためにも，グローバル化は避けて通れない道である。2016年，世界第3位のコンピューターメーカーの米Dellが，ストレージ（外部記憶装置）最大手のEMCを約8兆円で買収した。この巨大買収によって誕生した新生Dellは，仮想化ソフト，情報セキュリティ，クラウド管理サービスなど事業領域を大幅に拡大する。国内企業では，システム構築で業界トップのNTTデータが，2016年3月にDellのITサービ

ス部門を買収した。買収額は約3500億円で，NTTグループでは過去3番目の大型買収である。NTTデータは，2000年代後半から国内市場の成長鈍化を見据えて，欧米を中心にM＆Aを展開してきた。過去12年間で約6000億円を投じ，50社以上を買収したことで，2006年3月期に95億円だった海外売上高は2018年3月期には9080億となっている。同期の全売上高は2兆1171億円で，半分近くを海外での売上が占めている。また，NTTグループは2016年から，産業ロボット大手のファナックとも協業を開始している。ファナックは，製造業のIoT（Internet of Things＝すべてのもののインターネット化）を実現するためのシステム開発を進めており，この運用開始に向けて，ビジネスの拡大をともに目指している。

ソフトバンクグループもまた，2016年に約3.3兆円で，英半導体設計大手のARMを買収した。日本企業による海外企業買収では，過去最大の規模となる。ARMは，組み込み機器やスマートフォン向けCPUの設計で豊富な実績を持つ企業であり，この買収の狙いも「IoT」にある。あらゆるものをインターネットに接続するためには，携帯電話がスマホになったように，モノ自体をコンピューター化する必要がある。近い将来，IoTが普及すれば，ARM系のCPUがあらゆるものに搭載される可能性につながっていく。

### ●IoT，ビッグデータ，AI —— デジタル変革の波

IT企業のグローバル化とともに，近年注目を集めているのが「デジタルトランスフォーメーション（デジタル変革）」である。あらゆる情報がIoTで集積され，ビッグデータやAI（人工知能）を駆使して新たな需要を見出し，それに応える革新的なビジネスモデルが次々と登場している。

2022年から2023年にかけて話題をさらったのは，米オープンAI社による「チャットGPT」だった。AIによる自然で高度な会話に大きな注目が集まった。米マイクロソフトは2023年1月にオープンAIへの1兆円規模の追加融資を発表。チャットGPTを組み込んだ検索や文章作成などの新サービスを次々と発表した。

生成AIは従来のAIに比べて性能が飛躍的に向上。前出の文章作成に加え，プログラミングやAIアートなど，その用途は多岐にわたる。今後は生成AIを活用した業務・サービス改善にも注目が集まる。

### ●サービスのトレンドは，シェアリングエコノミー

シェアリングエコノミーとは，インターネットを通じて個人や企業が保有

している使っていない資産の貸し出しを仲介するサービスのこと。たとえば，自動車を複数人で利用する（ライドシェア），空き家や駐車場，オフィスを有効活用する（スペースシェア）などがある。

　米国のウーバーが提供しているのは「自動車を利用したい人」と「自動車を所有していて空き時間のある人」をマッチングする配車・カーシェアリングサービス。サービスはアプリに集約されており，GPSで利用者の位置情報を把握して，配車する。車の到着時間といった情報もスマートフォンを通して的確に伝えられる。ウーバーには，2017年にソフトバンクが出資しており，2018年10月にはソフトバンクとトヨタ自動車が新しいモビリティサービスの構築に向けた提携で合意，新会社も設立した。国内のライドシェアサービスには，オリックス自動車や三井不動産レアルティなど，駐車場やレンタカー事業を運営していた大手企業も参入している。

　スペースシェアとしては，家の有効活用として，民泊サービスで有名なエアービー・アンド・ビーがある。このほかにも，駐車場のシェアサービスが，パーク24といった駐車場大手企業も参加して始まっている。また，フリマアプリの「メルカリ」やヤフーオークションも，不要物の再活用という意味でモノのシェアといえる。モノをシェア/再活用するニーズは，若者を中心に広がっており，小売大手の丸井グループがブランドバッグのシェアサービス「Laxus」と事業提携するなど，今後，成長が期待できる分野といえる。

## ❖ 通信サービスの動向

　携帯通信業界は，自前の回線を有するNTTドコモ，KDDI（au），ソフトバンクの3社（キャリア）を中心に伸びてきた。総務省によれば，日本の携帯電話の契約数は2022年3月の時点で2億302万件となっている。スマホの普及により，高齢者や10代の利用者が増加しており，市場としては，引き続き右肩上がりの成長となっている。しかし，その一方で，たとえばソフトバンク全体の事業において，国内の固定・携帯電話で構成される国内通信事業の売上高は，すでに4割を割っている。NTTグループでも，NTTデータとNTT都市開発の売上高が，全体の2割にまで伸びており，ITサービスカンパニーとして軸足を海外事業に移している。KDDIもまた，住友商事と共にモンゴルやミャンマーで携帯事業に参入してトップシェアを獲得す

るなど，海外進出を拡大させている。国内の通信事業は成熟期を迎えており，今後，契約件数の伸びが期待できないなか，大手3社は新たな収益の実現に向けて，事業領域を拡大する段階に入っている。

## ●楽天モバイル「0円プラン」廃止で競争激化

　総務省は，2016年よりNTTドコモ，KDDI（au），ソフトバンクの携帯大手に対して，高止まりしているサービス料金の引き下げを目的に，スマートフォンの「実質0円販売」の禁止など，さまざまな指導を行ってきた。2019年10月施行の改正電気通信事業法では，通信契約を条件とする2万円以上の端末値引きが禁じられるとともに，途中解約への違約金上限も大幅に下げられた。

　なかでも有効な政策となっているのが，格安スマホ業者（MVNO）への支援である。MVNOは，通信インフラを持つ大手3社の回線を借りて，通信や通話サービスを提供する事業者のこと。総務省の後押しなどもあり，MVNOの事業者数は2019年3月の時点で1000社を超えた。また，利用者も着実に増えており，調査会社MM総研によると，格安スマホの契約回線数は，2020年3月末には1500万件を超えた。

　モバイル市場全体に占める割合を順調に伸ばしてきたMVNOだが，ここにきてやや苦戦が見られる。大手キャリアが投入する格安プランの好調により，割安感の低下が響いたことが原因に挙げられる。話題となった「0円プラン」が廃止となり，顧客離れの影響を大きく受けた楽天モバイルは，KDDI回線のデータ使用量を無制限にした「Rakuten 最強プラン」を2023年6月に開始したが，巻き返しには至っていない。

## ●IoTへの対応を見据えた5G

　技術面で注目を集めているのが，2020年に商用化された次世代通信規格の5Gである。5Gは，現行の4Gに比べ，大容量，同時多接続，低遅延・高信頼性，省電力・低コストといった特徴がある。IoTの普及に必須のインフラ技術とされており，これまでの通信規格に求められてきたものに加え，将来期待されるさまざまなサービスへの対応も求められている。低遅延化・高信頼性については，たとえば，自動車の自動運転のような安全・確実性が求められるサービスにおいては必須の要件となる。また，同時多接続は，今後，携帯電話だけでなく，IoTで接続される機器の爆発的な増加が予想されることから，4Gの100倍の接続数が求められている。

キャリア各社はすでに，コンテンツサービスの拡充，ロボットの遠隔操作，自動運転などの実証実験を進めている。MVNOに対して，スマートフォン向け回線サービスは提供されたとしても，すべてのサービスが対象となるかは不透明といえる。5Gの普及によって，キャリアの携帯ゆえに享受できるサービスが大きく進化すれば，料金の安さでMVNOを選択している利用者の判断にも影響が出る可能性もある。

## ❖ eコマース（EC）市場の動向

インターネットを通じて商品やサービスを売買する「eコマース」（EC）は順調に拡大しており，経済産業省の発表では，2021年の消費者向け（BtoC）電子商取引の市場規模は20兆6950億円となった。

市場を牽引してきたのは，楽天とアマゾン，そして，YahooやZOZOを傘下に抱えるZホールディングスである。楽天やZホールディングスは企業や個人の出品者に売り場を提供する「モール型」，アマゾンは自社で商品を仕入れる「直販型」が主流だったが，近年はアマゾンも「モール型」のビジネスを取り入れている。また，会費制の「アマゾン プライム」では，映画や音楽の無料視聴，写真データの保存など，多くのサービスを展開している。2017年4月からは生鮮食品を扱う「アマゾン フレッシュ」を開始，ネットスーパー業界にも進出した。楽天は米ウォルマートと業務提携し，ネットスーパーを開始するほか，朝日火災海上保険（楽天損害保険）や仮想通貨交換業のみんなのビットコインを買収するなど，通販以外の分野にも投資を続けている。Zホールディングスは21年3月には　LINEを経営統合。両者の顧客基盤を掛け合わせた新たなサービスを模索し，国内首位を目指している。

コロナ禍の巣篭もり特需で，3社とも売上を大きく伸ばした。利用習慣の定着化により，中小企業や個人の販売も拡大している。

### ●フリマアプリの躍進と越境ECの伸長

フリマアプリでは「メルカリ」が国内で強さを誇る。メルカリは，個人間（CtoC）による物品売買を行うスマホアプリとして，2013年7月に国内サービスを開始した。誰でも簡単にスマホで売りたいものを撮影して，マーケットプレイスに出品できる手軽さと，個人情報を知られずに取引を完了できるといったきめ細かいサービスが爆発的人気の背景にある。しかし，新型

コロナウイルスによる巣ごもり特需が終了し，EC市場に逆風が吹いたこともあり，やや伸び悩みが見られる。2022年の6月期決算では売上高は1470億円と前年比38.6％増となったが，営業利益はマイナス37億と赤字決算になってしまった。

　「越境EC」といわれる海外向けのネット通販も，市場を拡大している。中国ではモバイル端末の普及が進み，中国インターネット情報センター（CNNIC）の発表では2020年6月時点でネット利用者は9億人とされている。2019年の中国国内EC売上高は約204兆円に達し，越境ECも10兆円を超えている。2014年に，中国最大のECサイト・アリババが海外業者向けの「天猫国際」を開設した。現在，メーカーから流通，小売まで，多くの日本企業が出店し，大きな成果を上げている。にサービスを開始し，2016年，2017年には中国における越境ECのトップシェアを獲得している。同社は，2017年には日本支社も設立，認知拡大，商品の仕入れ活動を本格化させている。経済産業省によると，2017年度の中国人による越境ECを通じた日本からの購入金額は1兆2978億円だった。日本の事業者にとって，越境ECの利用は，海外に直接出店するリスクがなく，マーケットは広がり，初期投資を抑えながら海外進出を狙えるメリットがある。

# 情報通信・IT 業界

### 直近の業界各社の関連ニュースを
### ななめ読みしておこう。

## Google、生成AIで企業需要開拓　Microsoftに対抗

米グーグルが文章や画像を自動で作る生成AI（人工知能）で企業需要の開拓に本腰を入れる。生成AIを組み込んだサービスを開発するための基盤を整え、コストを左右する半導体の自社開発も強化する。企業向けで先行する米マイクロソフトに対抗し、早期の投資回収につなげる。

グーグルのクラウドコンピューティング部門で最高経営責任者（CEO）を務めるトーマス・クリアン氏が日本経済新聞の取材に応じた。同氏は「経済が不安定で一部の企業がIT（情報技術）投資を減速させる一方、AIを使って業務を自動化するプロジェクトが増えてきた」と述べた。

同社はクラウド部門を通じて企業に生成AI関連のサービスを提供する。クリアン氏はサービス開発に使う大規模言語モデルなどの種類を増やし、企業が目的に応じて選べるようにすることが重要だと指摘した。自社開発に加え外部からも調達する方針で、米メタや米新興企業のアンソロピックと連携する。

半導体の調達や開発も強化する。AI向けの画像処理半導体（GPU）を得意とする米エヌビディアとの関係を強め、同社の最新モデル「GH200」を採用する。一方、自社開発も強化し、学習の効率を従来の2倍に高めた「TPU」の提供を始めた。クリアン氏は人材採用などにより開発体制をさらに強化する考えを示した。

グーグルは生成AIを使った米ハンバーガーチェーン大手、ウェンディーズの受注システムの開発を支援したほか、米ゼネラル・モーターズ（GM）と車載情報システムへの対話AIの組み込みで協力している。企業による利用を増やすため、「成果を上げやすいプロジェクトを一緒に選定し、コストなどの効果を測定しやすくする」（クリアン氏）としている。

大手企業に加えて、伸び代が大きい新興企業の取り込みにも力を入れる。クリアン氏は生成AI分野のユニコーン企業の70%、外部から資金提供を受けたAI

新興企業の50％が自社の顧客であると説明した。グーグルのサービスを使うと学習や推論の効率を2倍に高められるといい、「資金の制約が大きい新興勢の支持を受けている」と説明した。

生成AIの企業向けの提供では米オープンAIと資本・業務提携し、同社の技術を利用するマイクロソフトが先行した。同社のサティア・ナデラCEOは4月、「すでにクラウド経由で2500社が利用し、1年前の10倍に増えた」と説明している。グーグルも企業のニーズにきめ細かく応えることで追い上げる。

生成AIの開発と利用に欠かせない高性能のGPUは奪い合いとなっており、価格上昇も著しい。この分野で世界で約8割のシェアを握るエヌビディアの2023年5〜7月期決算は売上高が前年同期比2倍、純利益が9倍に拡大した。

生成AI開発企業にとっては先行投資の負担が高まる一方で、株式市場では「投資回収の道筋が明確ではない」といった声もある。グーグルやマイクロソフトなどのIT大手にも早期の収益化を求める圧力が強まっており、安定した取引が見込める企業需要の開拓が課題となっている。

各社が生成AIの投資回収の手段として位置付けるクラウド分野では、世界シェア首位の米アマゾン・ドット・コムをマイクロソフトが追い上げている。グーグルは3番手が定着しているが、クリアン氏は「（生成AIで業界構図が）変わる。将来を楽観している」と述べた。長年にわたって世界のAI研究をリードしてきた強みを生かし、存在感を高める考えだ。

（2023年9月3日　日本経済新聞）

## Apple、日本拠点40周年　アプリ経済圏460億ドルに

米アップルは8日、アプリ配信サービス「アップストア」経由で提供された日本の商品やサービスの売上高が2022年に計460億ドル（約6兆5500億円）にのぼったと発表した。今年6月に拠点設立から丸40年を迎えた日本で、アップルの存在感は大きい。一方で規制強化の動きなど逆風もある。

ティム・クック最高経営責任者（CEO）は「我々は日本のものづくりの匠（たくみ）の技とデザインが持つ付加価値などについて話し合っている。記念すべき40周年を共に祝えて誇りに思う」とコメントを出した。日本の「アプリ経済圏」の460億ドルのうち、小規模な開発業者の売り上げは20〜22年に32％増えたという。

1976年に故スティーブ・ジョブズ氏らが創業したアップル。7年後の83年6

月に日本法人を設けた。それまでは東レなどがパソコン「アップル2」の販売
代理店を担い、日本法人の立ち上げ後も一時はキヤノン系が販売を請け負った。
2003年には海外初の直営店を東京・銀座に開店し、今は福岡市や京都市など
に10店舗を構える。

もともとジョブズ氏は禅宗に通じ、京都を好むなど日本に明るいことで知られ
た。ソニーを尊敬し、創業者の盛田昭夫氏が死去した1999年のイベントでは
盛田氏の写真をスクリーンに映して「新製品を彼に喜んでほしい」と追悼の意
を表した。

01年に携帯音楽プレーヤー「iPod」を発売すると、「ウォークマン」やCDの
規格で主導していたソニーから音楽業界の主役の座を奪った。日本の家電メー
カーにとっては驚異的な存在だったとも言える。

アップルから見ると、日本は製造・販売両面で重要拠点だ。主力スマートフォ
ン「iPhone」で国内の電子部品市場は拡大し、1000社近い巨大なサプライ
チェーン（供給網）を築いた。「アプリ関連やサプライヤーで100万人を超え
る日本の雇用を支えている。過去5年間で日本のサプライヤーに1000億ドル
以上を支出した」と説明する。

販売面では一人勝ち状態が続く。調査会社MM総研（東京・港）によると、
22年のスマホの国内シェアはアップルが約49％と半分に迫り、携帯電話シェ
アで12年から11年連続で首位に立つ。タブレットのシェアも約50％、スマー
トウオッチも約60％にのぼる。

「爆発的に普及するとは全く思わなかった」。ジョブズ氏と縁のあった孫正義氏
が率いていたソフトバンクが「iPhone3G」を独占販売する際、他の通信大手
幹部は「冷ややかな目で見ていた」と振り返る。だが、iPhone人気でソフトバ
ンクは新規顧客を集め、通信業界の勢力図を塗り替えた。11年にはKDDI、
13年にNTTドコモが追随し、後に政府から批判される値引き競争や複雑な料
金プランにつながっていく。

日本の存在感の大きさはアップルの決算発表にも表れる。資料では毎回、米州、
欧州、中華圏、日本、その他アジア太平洋地域という5つの地域別売上高を
開示する。単体の国として分けているのは日本だけで、米テクノロジー大手で
は珍しい。

最近は陰りも見える。足元の日本の売上高は前年同期比11％減で、売上高全
体における比率は6％にとどまった。円安や値引き販売の抑制などが理由だが、
アップル関係者からは「製造も販売も我々は既にインドを見ている」という声
も上がる。

アプリ経済圏の先行きも不透明だ。政府のデジタル市場競争会議は6月、他社が運営する代替アプリストアをアップルが受け入れるよう義務付けるべきだと指摘した。販売減少や規制強化といった逆風を越えられるか──。次の40年に向けた新たな施策が求められる。

（2023年8月8日　日本経済新聞）

## 初任給、建設・ITで大幅増　若手確保に企業奔走

初任給を大幅に引き上げる企業が相次いでいる。2023年度の初任給伸び率ランキングをみると建設や運輸業界、情報ソフト、通信業界での引き上げが目立つ。新型コロナウイルス禍から経済活動が正常化に進む中、若手確保に動く企業が多いようだ。

日本経済新聞社が実施した23年度の採用計画調査をもとに大卒初任給の前年度比伸び率ランキングを作成。調査は4月4日までに主要企業2308社から回答を得た。

首位は商業施設の設計・施工などを手掛けるラックランドで30.7％増の26万6600円だった。初任給の引き上げは16年ぶりだ。加えて入社4年目まで基本給を底上げするベースアップ（ベア）を毎年3％実施する。施工管理者から営業、設計、メンテナンスまで幅広い人材獲得を目指す。

背景にあるのが年々増す採用の厳しさだ。人事担当者は「22年度は内定辞退が増え採用目標数を割った」と言う。引き上げ後の初任給は全業界平均22万8471円を大きく上回った。6月に解禁した24年卒の採用活動では社長面談の時期を早めるなど学生の獲得策を強化しており、「内定承諾のペースは昨年と比べると速い」という。

石油精製・販売の三愛オブリも大卒初任給を24.9％引き上げ26万円とした。同社は23年度に手当の一部を基本給に組み入れる賃金制度の改定で全社員の基本給が大幅増となった。空港の給油施設運営などを手掛けるなかで空港内作業者の初任給も同水準で引き上げており「採用に弾みをつけたい」とする。

航海士など特殊な技術や知識を要する人材も奪い合いだ。業種別の初任給伸び率ランキングで首位だった海運は業界全体で6.7％増と大幅に伸ばした。なかでもNSユナイテッド海運は大卒初任給で21.1％増の26万3700円。2年連続で初任給を引き上げた。

ゲームなどを含む情報ソフトや金融関連、通信業界なども初任給引き上げが顕

著だ。IT（情報技術）エンジニア確保が目的だ。実際、企業ランキング2位はスクウェア・エニックス・ホールディングス。全社員の給与も平均10%引き上げており、「物価高騰に加え新たに優秀な人材の獲得強化を見込む」とする。

実はゲーム業界に初任給引き上げドミノが起きている。バンダイナムコエンターテインメントは22年度に大卒初任給を前年度比25%上げて29万円とした。カプコンなども22年度に実施。23年度にはスクウェア・エニックスに加え任天堂が1割増の25万6000円とした。中堅ゲーム会社幹部は「（優秀な人材の）つなぎ留めのために賃上げをしないと、他社に流出してしまう」と危機感を隠さない。

金融も初任給の引き上げが目立った。三井住友銀行は初任給を16年ぶりに引き上げ、大卒で24.4%増の25万5000円とした。スマホ金融などの強化に必要なデジタル人材はあらゆる業界で奪い合いになっている。

三井住友銀に続き、みずほフィナンシャルグループは24年に5万5000円、三菱UFJ銀行も同年に5万円、それぞれ初任給を引き上げることを決めている。ネット専業銀行や地方銀行も相次ぎ初任給引き上げに走っている。

一方、初任給の伸びが低かったのが鉄鋼業界。前年比ほぼ横ばいだった。初任給は春季労使交渉で決まる場合が多く、鉄鋼大手は効率化などを目的に交渉を2年に1度としている。23年は労使交渉がなかったことが影響したとみられる。

倉庫・運輸関連は前年比0.9%増、水産や自動車・部品が1%増となった。例年に比べれば高い賃上げ率だが、各業界とも初任給の全体平均額を下回っている。

過去にも人手不足感が高まると、初任給を引き上げる傾向が強まった。しかし23年は企業の焦りが感じられる。初任給伸び率が2.2%増となり、10年以降で最大の伸び率となっているのだ。24年度以降の持続性もカギとなりそうだ。

法政大学の山田久教授は「全体の賃金上昇傾向が続くかは経済の情勢次第で不透明感が残るが、初任給引き上げ競争は今後も続くだろう」とみる。少子高齢化で若年労働人口が減る中、企業はIT人材から現場労働者まで若手の採用力強化が必須となっている。　　　　　　　　（2023年6月18日　日本経済新聞）

---

# NVIDIAとTSMC、生成AIに専用半導体　年内投入へ

半導体設計大手の米エヌビディアと半導体受託生産首位の台湾積体電路製造（TSMC）が、生成AI向けの専用半導体を年内に投入する。AIが回答を導き出

す過程の速度を前世代品に比べて最大12倍にする。半導体は「新型コロナウイルス特需」の反動で市況が悪化するなか、米台の2強が次の成長分野でリードを固める。

「（AI向け半導体の）需要は非常に強い。サプライチェーン（供給網）のパートナーとともに増産を急いでいる」

エヌビディアのジェンスン・ファン最高経営責任者（CEO）は30日、台北市内で記者会見し、生成AI向け市場の成長性を強調した。台湾出身のファン氏は同日開幕したIT（情報技術）見本市「台北国際電脳展」（コンピューテックス台北）に合わせて訪台した。

エヌビディアはAI分野で広く使われる画像処理半導体（GPU）を手掛け、AI向け半導体で世界シェア8割を握る。「Chat（チャット）GPT」に代表される対話型の生成AIの急速な進化を受け、AIのデータ処理に特化した専用半導体を年内に投入する。

エヌビディアが設計した半導体をTSMCが量産する。AIが質問への回答を導き出す「推論」のスピードを前世代品に比べて最大12倍に速める。

生成AIサービスの多くは、データセンターのサーバー上で開発・運用されている。GPUは膨大なデータをAIに学ばせて回答の精度を上げていく「学習」と、利用者から質問などを受けてAIが答えを導く「推論」の両方に使われる。

特にエヌビディアのGPUは「（AI用途への）最適化が進んでおり、大きな先行者優位がある」（台湾調査会社トレンドフォースの曾伯楷アナリスト）。

チャットGPTを開発した米新興オープンAIは、サービス開発に約1万個のGPUを用いているとされる。トレンドフォースは技術の高度化に伴い、今後は一つのサービスを開発・運用するのに3万個以上のGPUが必要になると予測する。

ゲームや動画編集に使われる一般的なGPUは市販価格が1個10万円以下のものもあるが、AI向け高性能GPUは100万円を優に超える。需要が伸びれば市場全体へのインパクトも大きい。

独調査会社スタティスタは、生成AIがけん引するAI向け半導体の市場規模が、2028年に21年比で12倍の1278億ドル（約18兆円）に急拡大すると予測する。半導体市場全体が22年時点で80兆円規模だったのと比べても存在感は大きい。

エヌビディアを支えるのは、半導体の量産技術で世界トップを走るTSMCだ。新たに投入する生成AI向け半導体を含め、AI向け高性能GPUを独占的に生産する。

両社の関係は1990年代半ばに遡る。創業間もないエヌビディアは、生産委託先の確保に苦しんでいた。台湾出身のファンCEOが頼ったのは当時、半導体受託生産で躍進しつつあったTSMC創業者の張忠謀（モリス・チャン）氏だった。

張氏が電話で直接交渉に応じ、両社の取引がスタートしたという。以後30年近くにわたり、TSMCはゲームからパソコン、AI向けに至る幅広い製品を供給してきた。

近年はAI向け半導体の性能向上の鍵を握る「パッケージング技術」の開発で関係を深めている。異なる機能を持つ複数の半導体を一つのパッケージに収め、効率よく連動させる技術だ。

エヌビディアは2010年代中盤にいち早く同技術をGPUに採用。量産技術を開発するTSMCと二人三脚で、性能向上を実現してきた。

生成AI向け半導体の開発競争は激化が見込まれる。米グーグルや米アマゾン・ドット・コムといったIT大手が、独自に半導体の設計に乗り出している。両社ともエヌビディアの大口顧客だが、自前の半導体開発によってサービスの差別化やコスト低減を狙う。

そのIT大手も半導体の生産は外部委託に頼らざるを得ない。エヌビディアとTSMCの緊密な関係は、今後の競争で有利に働く可能性がある。

20年〜22年前半にかけて好調が続いた世界の半導体市場は、足元で厳しい状況にある。コロナ特需の反動でパソコンやスマホ、ゲーム機などの販売が落ち込み、全体的な市況の回復は24年になるとの見方が強い。TSMCは23年12月期通期に前の期比で減収（米ドルベース）を見込む。

生成AIはスマホなどに代わる半導体市場のけん引役となることが期待される。TSMCの魏哲家CEOは4月中旬の記者会見で「AI向けの需要は強く、業績成長の原動力となる」と強調した。

ファン氏も30日の記者会見で「我々は間違いなく、生成AIの新時代の始まりにいる」と述べ、業界が大きな成長局面に入りつつあると指摘した。生成AIの進化を支える製品を供給できるかが、市場全体の成長を左右する。

（2023年5月30日　日本経済新聞）

---

## 5G網整備へ技術者争奪　携帯電話大手4社、14％増員

---

高速通信網を整備する技術者の争奪が激しい。携帯大手4社は2022年3月

末に技術者を前年同期比14％増やした。転職者の平均年収も新型コロナウイルス禍のときと比較して2割上昇した。足元ではIT（情報技術）・通信エンジニアの転職求人倍率は全体を大きく上回っている。

高速通信規格「5G」の利用区域を広げるため需要は高まる。通信基盤を支える人材の不足が続けば日本のデジタル化に響きかねない。

総務省の調査によると、携帯大手4社の無線従事者や保守などの技術者数は22年3月末時点で計3万5400人だった。

企業ごとに定義の異なる部分はあるものの、前年同期比の伸び率は楽天モバイルが最大の34％増の3500人。次いでソフトバンクが28％増の1万800人、NTTドコモが7％増の1万2100人、KDDIが5％増の8800人と続いた。

5Gの通信速度は4Gの最大100倍で遅延したときの影響は10分の1に低下するとされる。スマートシティーや自動運転、工場機器の遠隔制御などに生かせば、新たなビジネスにつながる。

30年ごろには次世代の6Gへの移行が始まる見込みだが、技術革新とともに複雑なネットワーク構築を求められる。

ソフトバンクの担当者は「災害対策に加えて、5G基地局の整備のために技術者を増やしている」と説明する。KDDIも基地局の保守・運用に関わる技術者の需要は引き続き大きいとみる。

新型コロナで社会のデジタル化の要請が高まり、通信業界の技術者不足は厳しさを増す。KDDIなどで大規模な通信障害が相次いだことも通信網の重要性を意識させた。

人材サービス大手のエン・ジャパンによると、エンジニアが転職した際の22年の平均年収は新型コロナで底となった20年比19％増の519万円だった。

同社で通信業界を担当する星野玲氏は「通信業界は人材獲得が難しい。売り手市場で適正水準を上回る年収を示す事例が多い」と話す。従来は700万円程度が上限だったが、いまは900万円ほどに上がっているという。

携帯大手が求めるネットワーク技術者の22年の求人数は20年より45％増えた。パーソルキャリアの転職サービスのdoda（デューダ）によると、足元の23年2月のIT・通信エンジニアの転職求人倍率は10.19倍で、全体の2.15倍を上回った。

問題はこうした需要をまかなうだけの人材がいないことだ。経済産業省は30年に国内で最大79万人のIT人材が不足すると予測する。

政府は電力・ガス、道路、鉄道などのインフラ点検で規制を緩和し、ドローンや人工知能（AI）の導入を促す。通信でも保守・運用を自動化すれば余剰人員

を競争分野に振り向けることができる。

稲田修一早大教授は「通信業界は他分野に比べて省人化が進んでいるとは言えない」として改善が不可欠だと指摘する。

総務省によると、5Gの全国人口カバー率は22年3月末時点で93%とまだ行き渡っていない。新型コロナで露呈したデジタル化の遅れを取り戻すためにも、5G網づくりを急ぐ必要がある。

（2023年4月19日　日本経済新聞）

---

# IT業界特化のSNSアプリ　HonneWorks

企業の平均年収をまとめたウェブサイトを運営するHonneWorks（ホンネワークス、神奈川県茅ケ崎市）は、IT（情報技術）業界で働く会社員向けに特化したSNS（交流サイト）アプリの提供を始める。利用者は匿名で参加できるが、ホンネワークスが職場のメールアドレスから勤務先を確認する点が特徴。信頼度の高い情報の交換につなげ、転職希望者に役立ててもらう。事業拡大に備え、ベンチャーキャピタル（VC）のゼロイチキャピタルなどからJ-KISS型新株予約権方式で約3000万円を調達した。

（2023年3月7日　日本経済新聞）

---

# ITエンジニア、転職年収2割増　製造業や金融で引き合い

IT（情報技術）エンジニアについて、製造業や金融など非IT系の事業会社に転職した際の年収の上昇が目立つ。2022年までの2年間で2割上がり、エンジニア全体の平均を上回った。デジタルトランスフォーメーション（DX）化などを背景に、社内のシステム構築などの業務が増えた。IT業界以外の企業は、社内にITに詳しい人材が少ない。即戦力となる経験者を中心に高い年収を提示し獲得を急いでいる。

東京都在住の30代男性は、22年12月にITシステムの開発企業から鋼材系メーカーの社内システムエンジニア（SE）に転職した。自社のITインフラの整備をしている。転職で年収は50万円ほど上がった。

以前はクライアント先のシステム開発を担当していた。自社のシステムは利用者からの反応なども確認しやすく、やりがいを感じるという。

人材サービス大手のエン・ジャパンによると、同社の運営する人材紹介サービス「エン エージェント」を通じて決まったITエンジニアの転職のうち、非IT企業の初年度年収（転職決定時、中央値）は22年が516万円。ITエンジニア全体（511万円）を上回る。

上昇率も同様だ。非IT企業は新型コロナウイルスの感染が広がった20年に比べ95万円（22.6%）高い。ITエンジニア全体（21.4%）に比べ、伸びの勢いが目立つ。

背景にあるのが新型コロナ禍を契機とした、IT人材の不足だ。パーソルキャリア（東京・千代田）の転職サービスのdoda（デューダ）のまとめでは、22年12月のIT・通信エンジニアの中途採用求人倍率は12.09倍。全体（2.54倍）を大きく上回った。経済産業省は30年に日本で最大79万人のIT人材が不足すると予測する。

新型コロナの感染拡大で非IT系業種も含め、ビジネス現場のデジタル化が加速した。リモートでの就業環境を整えるだけでなく、経営の中にデジタル化をどう位置づけ推進するのかといった課題が生まれた。

既存システムの安定稼働やメンテナンスといったコロナ禍前からの業務に加え、リモート化や各種セキュリティー強化に取り組む人材が必要になった。

経営管理の観点からは、中長期のIT戦略投資の立案や社内の人材育成も求められるようになった。5年以上のIT実務の経験者や、経営を視野に入れITプロジェクトを進められるミドル層の需要が高まった。特に非IT系業種はこうした人材資源がIT企業に比べ薄く、中途採用を活用せざるを得ない。

dodaによると、22年10～12月期のITエンジニアの新規求人のうち、年収が700万円以上の件数は35%だった。19年同期の19%から16ポイント増えた。大浦征也doda編集長は「事業会社は経験者を採用できなければ競合に後れを取るとの意識がある」としたうえで「採用基準を下げるのではなく、賃金を引き上げてでも人材を獲得しようという動きが強まった」とみる。

中途採用をいかしデジタル関連業務の内製化を進めることで、コストの削減も期待できる。クレディセゾンは19年にITエンジニアの中途採用を始め、20年以降も即戦力となる30～40代を中心に獲得を進める。同社は「内製した案件の開発コストは外部依頼の場合と比べ、21～22年度の累計で約6割削減できる見通し」と説明する。

（2023年2月8日　日本経済新聞）

## ▶ 労働環境

職種：**代理店営業**　　年齢・性別：**20代後半・男性**

・以前は年功序列の風潮でしたが，今は実力主義になってきています。
・会社への利益貢献ができ，上司の目に留まれば出世は早いでしょう。
・自己PRが上手で，失敗・成功に関わらず原因分析できることが重要。
・上司の目に留まらなければ，芽が出ないまま転職する人も。

職種：**システムエンジニア**　　年齢・性別：**20代後半・男性**

・転勤が本当に多く，それは女性も例外ではありません。
・入社時に「総合職は転勤があるが大丈夫か？」と確認されます。
・3〜7年で異動になりますが，その都度転勤の可能性があります。
・家庭を持っている人や家を持っている人は単身赴任になることも。

職種：**法人営業**　　年齢・性別：**30代前半・男性**

・残業は月に20時間程度で，ワークライフバランスがとりやすいです。
・休日出勤はほとんどなく，1年に数回あるかどうかです。
・有給休暇はしっかりと取れるので，休暇の計画は立てやすいです。
・子どもの各種行事に積極的に参加している人も周りに多くいます。

職種：**営業アシスタント**　　年齢・性別：**20代前半・女性**

・全体的にかなり風通しの良い職場です。
・飲み会や遊びの計画が多く，社員同士の仲はとても良いです。
・社員の年齢層は比較的若めで，イベント好きな人が多い印象です。
・東京本社の場合，ワンフロアになっており全体が見渡せる作りです。

# ▶福利厚生

職種：代理店営業　　年齢・性別：20代後半・男性

・独身のうちは社宅（寮）に入ることができます。
・社宅は多少年数が経っていますが，きれいな物が多いです。
・家賃もかなり安くて，住宅補助についてはかなり満足できます。
・住宅補助以外にも，保養施設や通勤補助は非常に充実しています。

職種：法人営業　　年齢・性別：20代前半・男性

・多くの企業のスポンサーのため，各種チケットをもらえたりします。
・某有名遊園地の割引券も手に入ります。
・住居手当，育児休暇など福利厚生全般はかなり充実しています。
・通常の健康診断以外にも人間ドックを無料で受けることができます。

職種：マーケティング　　年齢・性別：20代後半・男性

・各種福利厚生は充実しており，なかでも住宅補助は手厚いです。
・社宅は借り上げで月1～2万円で，家賃10万以上の物件に住めます。
・社宅住まいの場合，年収に換算すると年100万弱の手当となります。
・健康診断・人間ドック，フィットネスなども利用できます。

職種：ネットワーク設計・構築　　年齢・性別：30代後半・男性

・福利厚生は充実しており，有給休暇は2年目から年20日もらえます。
・夏季休暇は5日，年末年始は6日の休暇が付与されます。
・労働組合が強いため，サービス残業はなく，残業代は全額出ます。
・残業時間は，職場にもよりますが，月20～30時間程度かと思います。

# ▶仕事のやりがい

職種：営業マネージャー　　年齢・性別：40代後半・男性

・大規模な通信インフラの構築や保守に力を入れています。
・通信業界の技術進歩は目覚ましいものがあり，夢があります。
・数年後にどんなサービスができるか予想できない面白さがあります。
・人々の日常生活に欠かせないものに携われるやりがいがあります。

職種：販促企画・営業企画　　年齢・性別：20代後半・男性

・企画部門では若手でもやりがいのある大きな仕事を任されます。
・関わる部門や担当が多岐にわたる場合，調整が大変なことも。
・事務系社員は2～3年毎にジョブローテーションがあります。
・常に自身のキャリアパスをしっかり考えておくことが重要です。

職種：法人営業　　年齢・性別：30代前半・男性

・やった分だけ成果としてあらわれるところが面白いです。
・チームプレイの難しさはありますが，勉強になることが多いです。
・自分個人で考える部分とチームで動くところのバランスが大切。
・お客様に革新的な製品を常に提案できるのは素晴らしいと思います。

職種：経営企画　　年齢・性別：20代前半・男性

・良くも悪くも完全に社長トップダウンの会社です。
・会社の成長度に関しては日本随一だと思います。
・日々学ぶことが多く，熱意をもって取り組めば得るものは大きいです。
・驚くぐらい優秀な人に出会えることがあり，非常に刺激になります。

# ▶ ブラック？ホワイト？

職種：ネットワークエンジニア　　年齢・性別：30代後半・男性

- 会社全体のコミュニケーションが弱く，情報共有がされにくいです。
- 会社のどこの部署が何を行っているかわかりません。
- 分野が違う情報は同期などのツテを頼って芋づる式に探す有様です。
- 製品不具合情報等の横展開もほとんどなく，非常に効率が悪いです。

職種：代理店営業　　年齢・性別：20代後半・男性

- 殿様商売と世間では言われていますが，まさにその通り。
- 過去の遺産を食いつぶしているような経営方針で不安になります。
- 消費者の声はほぼ届かず，上からの声だけ受け入れている感じです。
- 40代後半の上層部はかなりの保守派で，時代の流れに抗っています。

職種：プロジェクトリーダー　　年齢・性別：30代前半・男性

- 裁量労働制なので，残業代はありません。
- みなし労働時間は，月35時間残業相当の専門職手当が支払われますが，その範囲で業務が収まるわけがなく，長時間の残業が発生します。
- 残業前提のプロジェクト計画で黒字を目論む企業体質は健在です。

職種：システムエンジニア　　年齢・性別：20代後半・男性

- 裁量労働制が導入されてからは残業が常態化しています。
- 定時で帰ろうものなら「あれ？　何か用事？」と言われます。
- 以前は45時間以上残業する際は申請が必要なほどでしたが，裁量労働制導入後は残業が75時間を越えても何も言われません。

# ▶ 女性の働きやすさ

**職種：代理店営業　　年齢・性別：30代前半・男性**

・女性の労働環境がかなり整っている会社だと思います。
・出産時に一旦休み，復帰してくるケースは多いです。
・復帰後も時間短縮勤務ができるため，退職する女性は少ないです。
・会社側は女性の活用について，今後も更に取り組んでいくようです。

**職種：システムエンジニア　　年齢・性別：20代前半・男性**

・住宅手当など，既婚者が働きやすい環境づくりに力を入れています。
・産休・育休など社内の既婚者はほとんど活用されているようですが，
　実力主義という点はどうしてもあるので覚悟は必要です。
・産休・育休で仕事ができなくなる人は，部署移動や給与にも影響。

**職種：社内SE　　年齢・性別：20代後半・女性**

・産休，育休を使う人も多く，女性にはとても良い環境だと思います。
・外部講師を招き，女性の環境向上のためのセミナーなどもあります。
・会社として女性の待遇にとても力を入れているのを感じます。
・年配の上司によっては，差別的な見方の方もまだ若干いますが。

**職種：システムエンジニア　　年齢・性別：20代後半・女性**

・課長，部長，統括部長，事業部長に，それぞれ女性が就いています。
・育児休暇制度が整っていて，復帰して働く女性が年々増えています。
・時短勤務になるため男性に比べて出世は遅くなるようです。
・子育てをしながら管理職に昇進できる環境は整っています。

# ▶ 今後の展望

職種：営業　　年齢・性別：30代前半・男性

・国内市場は飽和状態のため，海外へ行くしかないと思いますが，経営陣に難があるためグローバル進出は難しいかもしれません。
・アジアを中心に市場開拓していますが，先行きは不透明です。
・金融事業は好調のため，引き続き当社の主軸となるでしょう。

職種：サービス企画　　年齢・性別：20代後半・男性

・事業規模が非常に大きく，現在は非常に安定しています。
・国内に閉じた事業内容なので，今後の伸びしろは微妙かと。
・海外進出の計画もあるようですが，目立った動きはまだありません。
・業種的にグローバル展開の意義はあまりないのかもしれません。

職種：新規事業・事業開発　　年齢・性別：20代後半・男性

・携帯事業以外の新規事業を模索している段階です。
・OTTプレーヤーと言われる企業に勝るサービスの創出に難航中。
・今までの成功体験や仕事のやり方からの脱却がカギだと思います。
・グローバル化にも程遠く，海外志向の人にはオススメできません。

職種：営業　　年齢・性別：20代後半・男性

・安定した収益基盤があり，しばらくは安定して推移すると思います。
・通信をベースに，周辺の事業領域が拡大する余地もあると思います。
・今後は海外展開（特にアジア圏）を積極的に進めていくようです。
・日本市場が今後縮小していく中，海外展開は大きなカギになります。

# 情報通信・IT業界　国内企業リスト（一部抜粋）

| 会社名 | 本社住所 |
|---|---|
| NECネッツエスアイ株式会社 | 文京区後楽2-6-1 飯田橋ファーストタワー |
| 株式会社システナ | 東京都港区海岸1丁目2番20号<br>汐留ビルディング14F |
| デジタルアーツ株式会社 | 東京都千代田区大手町1-5-1<br>大手町ファーストスクエア ウエストタワー14F |
| 新日鉄住金ソリューションズ<br>株式会社 | 東京都中央区新川二丁目20-15 |
| 株式会社コア | 東京都世田谷区三軒茶屋一丁目22番3号 |
| 株式会社ソフトクリエイト<br>ホールディングス | 東京都渋谷区渋谷2丁目15番1号<br>渋谷クロスタワー |
| ITホールディングス株式会社 | 東京都新宿区西新宿8-17-1 住友不動産新宿グランド<br>タワー21F（総合受付14F） |
| ネオス株式会社 | 東京都千代田区神田須田町1-23-1<br>住友不動産神田ビル2号館10F |
| 株式会社電算システム | 岐阜県岐阜市日置江1丁目58番地 |
| グリー株式会社 | 東京都港区六本木6-10-1 六本木ヒルズ森タワー |
| コーエーテクモ<br>ホールディングス株式会社 | 神奈川県横浜市港北区箕輪町1丁目18番12号 |
| 株式会社三菱総合研究所 | 東京都千代田区永田町二丁目10番3号 |
| 株式会社ボルテージ | 東京都渋谷区恵比寿4-20-3　恵比寿ガーデンプレイス<br>タワー28階 |
| 株式会社 電算 | 長野県長野市鶴賀七瀬中町276-6 |
| 株式会社<br>ヒト・コミュニケーションズ | 東京都豊島区東池袋1-9-6 |
| 株式会社ブレインパッド | 東京都港区白金台3-2-10 白金台ビル |
| KLab株式会社 | 東京都港区六本木6-10-1 六本木ヒルズ森タワー |
| ポールトゥウィン・ピットクルー<br>ホールディングス株式会社 | 東京都新宿区西新宿2-4-1　新宿NSビル11F |
| 株式会社イーブック<br>イニシアティブジャパン | 東京都千代田区神田駿河台2-9 KDX御茶ノ水ビル7F |
| 株式会社　ネクソン | 東京都中央区新川二丁目3番1号 |
| 株式会社アイスタイル | 東京都港区赤坂1-12-32号 アーク森ビル34階 |
| 株式会社 エムアップ | 東京都渋谷区渋谷2-12-19<br>東建インターナショナルビル本館5階 |

| 会社名 | 本社住所 |
|---|---|
| 株式会社エイチーム | 名古屋市西区牛島町 6 番 1 号<br>名古屋ルーセントタワー 36F |
| 株式会社ブロードリーフ | 東京都品川区東品川 4-13-14 グラスキューブ品川 8F |
| 株式会社ハーツユナイテッドグループ | 東京都港区六本木六丁目 10 番 1 号<br>六本木ヒルズ森タワー 34 階 |
| 株式会社ドワンゴ | 東京都中央区銀座 4-12-15　歌舞伎座タワー |
| 株式会社ベリサーブ | 東京都新宿区西新宿 6-24-1 西新宿三井ビル 14 階 |
| 株式会社マクロミル | 東京都港区港南 2-16-1 品川イーストワンタワー 11F |
| 株式会社ティーガイア | 東京都渋谷区恵比寿 4-1-18 |
| 株式会社豆蔵ホールディングス | 東京都新宿区西新宿 2-1-1 新宿三井ビルディング 34 階 |
| テクマトリックス株式会社 | 東京都港区高輪 4 丁目 10 番 8 号 京急第 7 ビル |
| GMO ペイメントゲートウェイ株式会社 | 東京都渋谷区道玄坂 1-14-6<br>渋谷ヒューマックスビル（受付 7 階） |
| 株式会社ザッパラス | 東京都渋谷区渋谷 2 丁目 12 番 19 号<br>東建インターナショナルビル |
| 株式会社インターネットイニシアティブ | 東京都千代田区神田神保町 1-105 神保町三井ビルディング |
| 株式会社ビットアイル | 東京都品川区東品川 2-5-5 HarborOne ビル 5F |
| 株式会社 SRA ホールディングス | 東京都豊島区南池袋 2-32-8 |
| 株式会社朝日ネット | 東京都中央区銀座 4-12-15 歌舞伎座タワー 21 階 |
| パナソニック インフォメーションシステムズ株式会社 | 大阪府大阪市北区茶屋町 19 番 19 号 |
| 株式会社フェイス | 京都市中京区烏丸通御池下る虎屋町 566-1<br>井門明治安田生命ビル |
| 株式会社野村総合研究所 | 東京都千代田区丸の内 1-6-5　丸の内北口ビル |
| サイバネットシステム株式会社 | 東京都千代田区神田練塀町 3 番地 富士ソフトビル |
| 株式会社インテージホールディングス | 東京都千代田区神田練塀町 3 番地<br>インテージ秋葉原ビル |
| ソースネクスト株式会社 | 東京都港区虎ノ門 3-8-21　虎ノ門 33 森ビル 6 階 |
| 株式会社クレスコ | 東京都港区港南 2-15-1<br>品川インターシティ A 棟 25 階～27 階 |
| 株式会社フジ・メディア・ホールディングス | 東京都港区台場二丁目 4 番 8 号 |
| 株式会社 オービック | 東京都中央区京橋 2 丁目 4 番 15 号 |

| 会社名 | 本社住所 |
|---|---|
| TDC ソフトウェア エンジニアリング株式会社 | 東京都渋谷区代々木 3-22-7 新宿文化クイントビル |
| ヤフー株式会社 | 東京都港区赤坂 9-7-1 ミッドタウン・タワー |
| トレンドマイクロ株式会社 | 東京都渋谷区代々木 2-1-1　新宿マインズタワー |
| 日本オラクル株式会社 | 東京都港区北青山 2-5-8 |
| 株式会社アルファシステムズ | 川崎市中原区上小田中 6 丁目 6 番 1 号 |
| フューチャーアーキテクト 株式会社 | 東京都品川区大崎 1-2-2 アートヴィレッジ大崎セントラルタワー |
| 株式会社シーエーシー | 東京都中央区日本橋箱崎町 24 番 1 号 |
| ソフトバンク・テクノロジー 株式会社 | 東京都新宿区西五軒町 13-1　飯田橋ビル 3 号館 |
| 株式会社トーセ | 京都市下京区東洞院通四条下ル |
| 株式会社オービックビジネス コンサルタント | 東京都新宿区西新宿六丁目 8 番 1 号 住友不動産新宿オークタワー 32F |
| 伊藤忠テクノソリューションズ 株式会社 | 東京都千代田区霞が関 3-2-5　霞が関ビル |
| 株式会社アイティフォー | 東京都千代田区一番町 21 番地 一番町東急ビル |
| 株式会社 東計電算 | 神奈川県川崎市中原区市ノ坪 150 |
| 株式会社　エックスネット | 東京都新宿区荒木町 13 番地 4　住友不動産四谷ビル 4 階 |
| 株式会社大塚商会 | 東京都千代田区飯田橋 2-18-4 |
| サイボウズ株式会社 | 東京都文京区後楽 1-4-14 後楽森ビル 12F |
| ソフトブレーン株式会社 | 東京都中央区八重洲 2-3-1 住友信託銀行八重洲ビル 9 階 |
| 株式会社アグレックス | 東京都新宿区西新宿 2 丁目 6 番 1 号 新宿住友ビル |
| 株式会社電通国際情報サービス | 東京都港区港南 2-17-1 |
| 株式会社 EM システムズ | 大阪市淀川区宮原 1 丁目 6 番 1 号 新大阪ブリックビル |
| 株式会社ウェザーニューズ | 千葉県千葉市美浜区中瀬 1-3 幕張テクノガーデン |
| 株式会社 CIJ | 神奈川県横浜市西区平沼 1-2-24　横浜 NT ビル |
| ネットワンシステムズ株式会社 | 東京都千代田区丸の内二丁目 7 番 2 号　JP タワー |
| 株式会社アルゴグラフィックス | 東京都中央区日本橋箱崎町 5-14 アルゴ日本橋ビル |
| ソフトバンク株式会社 | 東京都港区東新橋 1-9-1 |

# 第3章

## 就職活動のはじめかた

入りたい会社は決まった。しかし「就職活動とはそもそも何をしていいのかわからない」「どんな流れで進むかわからない」という声は意外と多い。ここでは就職活動の一般的な流れや内容，対策について解説していく。

# ▶就職活動のスケジュール

| 3月 | 4月 | 6月 |
|---|---|---|

**就職活動スタート**

2025年卒の就活スケジュールは,経団連と政府を中心に議論され,2024年卒の採用選考スケジュールから概ね変更なしとされている。

**エントリー受付・提出**

**OB・OG訪問**

企業の説明会には積極的に参加しよう。独自の企業研究だけでは見えてこなかった新たな情報を得る機会であるとともに,モチベーションアップにもつながる。また,説明会に参加した者だけに配布する資料などもある。

**合同企業説明会**　　**個別企業説明会**

**筆記試験・面接試験等始まる（3月〜）**

**内々定（大手企業）**

## 2月末までにやっておきたいこと

就職活動が本格化する前に,以下のことに取り組んでおこう。
　◎自己分析　◎インターンシップ　◎筆記試験対策
　◎業界研究・企業研究　◎学内就職ガイダンス
自分が本当にやりたいことはなにか,自分の能力を最大限に活かせる会社はどこか。自己分析と企業研究を重ね,それを文章などにして明確にしておき,面接時に最大限に活用できるようにしておこう。

| 7月 | 8月 | 10月 |
|---|---|---|

## 中小企業採用本格化

内定者の数が採用予定数に満たない企業，1年を通して採用を継続している企業，夏休み以降に採用活動を実施企業（後期採用）は採用活動を継続して行っている。大企業でも後期採用を行っていることもあるので，企業から内定が出ても，納得がいかなければ継続して就職活動を行うこともある。

中小企業の採用が本格化するのは大手企業より少し遅いこの時期から。HPなどで採用情報をつかむとともに，企業研究も怠らないようにしよう。

内々定とは10月1日以前に通知（電話等）されるもの。内定に関しては現在協定があり，10月1日以降に文書等にて通知される。

## 内々定（中小企業）

## 内定式（10月～）

## どんな人物が求められる？

多くの企業は，常識やコミュニケーション能力があり，社会のできごとに高い関心を持っている人物を求めている。これは「会社の一員として将来の企業発展に寄与してくれるか」という視点に基づく，もっとも普遍的な選考基準だ。もちろん，「自社の志望を真剣に考えているか」「自社の製品，サービスにどれだけの関心を向けているか」という熱意の部分も重要な要素になる。

# 就活ロールプレイ！

理論編

## STEP 1 　就職活動のスタート

内定までの道のりは，大きく分けると以下のようになる。

自 己 分 析

⬇

企 業 研 究

⬇

エントリーシート・筆記試験・面接

⬇

内 定

## 01 まず自己分析からスタート

就職活動とは，「企業に自分をPRすること」。自分自身の興味，価値観に加えて，強み・能力という要素が加わって，初めて企業側に「自分が働いたら，こういうポイントで貢献できる」と自分自身を売り込むことができるようになる。

### ■自分の来た道を振り返る

自己分析をするための第一歩は，「振り返ってみる」こと。

小学校，中学校など自分のいた"場"ごとに何をしたか（部活動など），何を学んだか，交友関係はどうだったか，興味のあったこと，覚えている印象的なことを書き出してみよう。

### ■テストを受けてみる

"自分では気がついていない能力"を客観的に検査してもらうことで，自分に向いている職種が見えてくる。下記の5種類が代表的なものだ。

①職業適性検査　　②知能検査　　③性格検査

④職業興味検査　　⑤創造性検査

**■先輩や専門家に相談してみる**

　就職活動をするうえでは，“いかに他人に自分のことをわかってもらうか”が重要なポイント。他者の視点で自分を分析してもらうことで，より客観的な視点で自己PRができるようになる。

## 自己分析の流れ

❏過去の経験を書いてみる

❏現在の自己イメージを明確にする…行動，考え方，好きなものなど。

❏他人から見た自分を明確にする

❏将来の自分を明確にしてみる…どのような生活をおくっていたいか。期待，夢，願望。なりたい自分はどういうものか，掘り下げて考える。→自己分析結果を，志望動機につなげていく。

## 01　企業の絞り込み

　志望企業の絞り込みについての考え方は大きく分けて2つある。

　第1は，同一業種の中で1次候補，2次候補……と絞り込んでいく方法。

　第2は，業種を1次，2次，3次候補と変えながら，それぞれに2社程度ずつ絞り込んでいく方法。

　第1の方法では，志望する同一業種の中で，一流企業，中堅企業，中小企業，縁故などがある歯止めの会社……というふうに絞り込んでいく。

　第2の方法では，自分が最も望んでいる業種，将来好きになれそうな業種，発展性のある業種，安定性のある業種，現在好況な業種……というふうに区別して，それぞれに適当な会社を絞り込んでいく。

## 02　情報の収集場所

・キャリアセンター

・新聞

・インターネット

・企業情報

『就職四季報』（東洋経済新報社刊），『日経会社情報』（日本経済新聞社刊）などの企業情報。この種の資料は本来"株式市場"についての資料だが，その時期の景気動向を含めた情報を仕入れることができる。

・経済雑誌

『ダイヤモンド』（ダイヤモンド社刊）や『東洋経済』（東洋経済新報社刊），『エコノミスト』（毎日新聞出版刊）など。

・OB・OG／社会人

### ①成長力

まず"売上高"。次に資本力の問題や利益率などの比率。いくら資本金があっても，それを上回る膨大な借金を抱えていて，いくら稼いでも利払いに追われまくるようでは，成長できないし，安定できない。

成長力を見るには自己資本率を割り出してみる。自己資本を総資本で割って100を掛けると自己資本率がパーセントで出てくる。自己資本の比率が高いほうが成長力もあり安定度も高い。

利益率は純利益を売上高で割って100を掛ける。利益率が高ければ，企業はどんどん成長するし，社員の待遇も上昇する。利益率が低いということは，仕事がどんなに忙しくても利益にはつながらないということになる。

### ②技術力

技術力は，短期的な見方と長期的な展望が必要になってくる。研究部門が適切な規模か，大学など企業外の研究部門との連絡があるか，先端技術の分野で開発を続けているかどうかなど。

### ③経営者と経営形態

会社が将来，どのような発展をするか，または衰退するかは経営者の経営哲学，経営方針によるところが大きい。社長の経歴を知ることも必要。創始者の息子，孫といった親族が社長をしているのか，サラリーマン社長か，官庁などからの天下りかということも大切なチェックポイント。

### ④社風

社風というのは先輩社員から後輩社員に伝えられ，教えられるもの。社風もいろいろな面から必ずチェックしよう。

### ⑤安定性

企業が成長しているか，安定しているかということは車の両輪。どちらか片方の回転が遅くなっても企業はバランスを失う。安定し，しかも成長する。これが企業として最も理想とするところ。

### ⑥待遇

初任給だけを考えてみても，それが手取りなのか，基本給なのか。基本給というのはボーナスから退職金，定期昇給の金額にまで響いてくる。また，待遇というのは給与ばかりではなく，福利厚生施設でも大きな差が出てくる。

## ■そのほかの会社比較の基準

### 1. ゆとり度

　休暇制度は，企業によって独自のものを設定しているところもある。「長期休暇制度」といったものなどの制定状況と，また実際に取得できているかどうかも調べたい。

### 2. 独身寮や住宅設備

　最近では，社宅は廃止し，住宅手当を多く出すという流れもある。寮や社宅についての福利厚生は調べておく。

### 3. オフィス環境

　会社に根づいた慣習や社員に対する考え方が，意外にオフィスの設備やレイアウトに表れている場合がある。

　たとえば，個人の専有スペースの広さや区切り方，パソコンなどOA機器の設置状況，上司と部下の机の配置など，会社によってずいぶん違うもの。玄関ロビーや受付の様子を観察するだけでも，会社ごとのカラーや特徴がどこかに見えてくる。

### 4. 勤務地

　転勤はイヤ，どうしても特定の地域で生活していきたい。そんな声に応えて，最近は流通業などを中心に，勤務地限定の雇用制度を取り入れる企業も増えている。

> ### column　初任給では分からない本当の給与
>
> 　会社の給与水準には「初任給」「平均給与」「平均ボーナス」「モデル給与」など，判断材料となるいくつかのデータがある。これらのデータからその会社の給料の優劣を判断するのは非常に難しい。
>
> 　たとえば中小企業の中には，初任給が飛び抜けて高い会社がときどきある。しかしその後の昇給率は大きくないのがほとんど。
>
> 　一方，大手企業の初任給は業種間や企業間の差が小さく，ほとんど横並びと言っていい。そこで，「平均給与」や「平均ボーナス」などで将来の予測をするわけだが，これは一応の目安とはなるが，個人差があるので正確とは言えない。

### ■決定版「就職ノート」はこう作る

　1冊にすべて書き込みたいという人には，ルーズリーフ形式のノートがお勧め。会社研究，スケジュール，時事用語，OB／OG訪問，切り抜きなどの項目を作りインデックスをつける。

　カレンダー，説明会，試験などのスケジュール表を貼り，とくに会社別の説明会，面談，書類提出，試験の日程がひと目で分かる表なども作っておく。そして見開き2ページで1社を載せ，左ページに企業研究，右ページには志望理由，自己PRなどを整理する。

## 就職ノートの主なチェック項目

❏企業研究…資本金，業務内容，従業員数など基礎的な会社概要から，過去の採用状況，業務報告などのデータ

❏採用試験メモ…日程，条件，提出書類，採用方法，試験の傾向など

❏店舗・営業所見学メモ…流通関係，銀行などの場合は，客として訪問し，商品（値段，使用価値，ユーザーへの配慮），店員（接客態度，商品知識，熱意，親切度），店舗（ショーケース，陳列の工夫，店内の清潔さ）などの面をチェック

❏OB／OG訪問メモ…OB／OGの名前，連絡先，訪問日時，面談場所，質疑応答のポイント，印象など

❏会社訪問メモ…連絡先，人事担当者名，会社までの交通機関，最寄り駅からの地図，訪問のときに得た情報や印象，訪問にいたるまでの経過も記入

　「OB／OG訪問」は，実際は採用予備選考開始。まず，OB／OG訪問を希望したら，大学のキャリアセンター，教授などの紹介で，志望企業に勤める先輩の手がかりをつかむ。もちろん直接電話なり手紙で，自分の意向を会社側に伝えてもいい。自分の在籍大学，学部をはっきり言って，「先輩を紹介していただけないでしょうか」と依頼しよう。

**参考** ▶

# OB／OG訪問時の質問リスト例

● **採用について**

| | |
|---|---|
| ・成績と面接の比重 | ・評価のポイント |
| ・採用までのプロセス（日程） | ・筆記試験の傾向と対策 |
| ・面接は何回あるか | ・コネの効力はどうか |
| ・面接で質問される事項　etc. | |

● **仕事について**

| | |
|---|---|
| ・内容（入社10年,20年のOB/OG） | ・新入社員の仕事 |
| ・希望職種につけるのか | ・やりがいはどうか |
| ・残業，休日出勤，出張など | ・同業他社と比較してどうか　etc. |

● **社風について**

| | |
|---|---|
| ・社内のムード | ・上司や同僚との関係 |
| ・仕事のさせ方　etc. | |

● **待遇について**

| | |
|---|---|
| ・給与について | ・福利厚生の状態 |
| ・昇進のスピード | ・離職率について　etc. |

# 06 インターンシップ

インターンシップとは，学生向けに企業が用意している「就業体験」プログラム。ここで学生はさまざまな企業の実態をより深く知ることができ，その後の就職活動において自己分析，業界研究，職種選びなどに活かすことができる。また企業側にとっても有能な学生を発掘できるというメリットがあるため，導入する企業は増えている。

インターンシップ参加が採用につながっているケースもあるため，たくさん参加してみよう。

## column　コネを利用するのも１つの手段？

コネを活用できるのは，以下のような場合である。

### ・企業と大学に何らかの「連絡」がある場合

　企業の新卒採用の場合，特定校・指定校が決められていることもある。企業側が過去の実績などに基づいて決めており，大学の力が大きくものをいう。

　とくに理工系では，指導教授や研究室と企業との連絡が密接な場合が多く，教授の推薦が有利であることは言うまでもない。同じ大学出身の先輩とのコネも，この部類に区分できる。

### ・志望企業と「関係」ある人と関係がある場合

　一般的に言えば，志望企業の取り引き先関係からの紹介というのが一番多い。ただし，年間億単位の実績が必要で，しかも部長・役員以上につながっていなければコネがあるとは言えない。

### ・志望企業と何らかの「親しい関係」がある場合

　志望企業に勤務したりアルバイトをしていたことがあるという場合。インターンシップもここに分類される。職場にも馴染みがあり人間関係もできているので，就職に際してきわめて有利。

### ・志望会社に関係する人と「縁故」がある場合

　縁故を「血縁関係」とした場合，日本企業ではこのコネはかなり有効なところもある。ただし，血縁者が同じ会社にいるというのは不都合なことも多いので，どの企業も慎重。

### 1. 受付の様子

受付事務がテキパキとしていて，分かりやすいかどうか。社員の態度が親切で誠意が伝わってくるかどうか。

こういった受付の様子からでも，その会社の社員教育の程度や，新入社員採用に対する熱意とか期待を推し測ることができる。

### 2. 控え室の様子

控え室が2カ所以上あって，国立大学と私立大学の訪問者とが，別々に案内されているようなことはないか。また，面談の順番を意図的に変えているようなことはないか。これはよくある例で，すでに大半は内定しているということを意味する場合が多い。

### 3. 社内の雰囲気

社員の話し方，その内容を耳にはさむだけでも，社風が伝わってくる。

### 4. 面談の様子

何時間も待たせたあげくに，きわめて事務的に，しかも投げやりな質問しかしないような採用担当者である場合，この会社は人事が適正に行われていないということだから，一考したほうがよい。

---

 **説明会での質問項目**

・質問内容が抽象的でなく，具体性のあるものかどうか。

・質問内容は，現在の社会・経済・政治などの情況を踏まえた，大学生らしい高度で専門性のあるものか。

・質問をするのはいいが，「それでは，あなたの意見はどうか」と逆に聞かれたとき，自分なりの見解が述べられるものであるか。

---

提出する書類は6種類。①〜③が大学に申請する書類，④〜⑥が自分で書く書類だ。大学に申請する書類は一度に何枚も入手しておこう。

- ① 「卒業見込証明書」
- ② 「成績証明書」
- ③ 「健康診断書」
- ④ 「履歴書」
- ⑤ 「エントリーシート」
- ⑥ 「会社説明会アンケート」

### ■自分で書く書類は「自己PR」

第1次面接に進めるか否かは「自分で書く書類」の出来にかかっている。「履歴書」と「エントリーシート」は会社説明会に行く前に準備しておくもの。「会社説明会アンケート」は説明会の際に書き，その場で提出する書類だ。

## 01 履歴書とエントリーシートの違い

Webエントリーを受け付けている企業に資料請求をすると，資料と一緒に「エントリーシート」が送られてくるので，応募サイトのフォームやメールでエントリーシートを送付する。Webエントリーを行っていない企業には，ハガキやメールで資料請求をする必要があるが，「エントリーシート」は履歴書とは異なり，企業が設定した設問に対して回答するもの。すなわちこれが「1次試験」であり，これにパスをした人だけが会社説明会に呼ばれる。

## ■字はていねいに

　字を書くところから，その企業に対する"本気度"は測られている。

## ■誤字，脱字は厳禁

　使用するのは，黒のインク。

## ■修正液使用は不可

## ■数字は算用数字

## ■自分の広告を作るつもりで書く

　自分はこういう人間であり，何がしたいかということを簡潔に書く。メリットになることだけで良い。自分に損になるようなことを書く必要はない。

## ■「やる気」を示す具体的なエピソードを

　「私はやる気があります」「私は根気があります」という抽象的な表現だけではNG。それを示すエピソードのようなものを書かなくては意味がない。

---

**Point**

　自己紹介欄の項目はすべて「自己PR」。自分はこういう人間であることを印象づけ，それがさらに企業への「志望動機」につながっていくような書き方をする。

---

**column** 履歴書やエントリーシートは，共通でもいい？

　「履歴書」や「エントリーシート」は企業によって書き分ける。業種はもちろん，同じ業界の企業であっても求めている人材が違うからだ。各書類は提出前にコピーを取り，さらに出した企業名を忘れずに書いておくことも大切だ。

| 写真 | スナップ写真は不可。スーツ着用で,胸から上の物を使用する。ポイントは「清潔感」。氏名・大学名を裏書きしておく。 |
|---|---|
| 日付 | 郵送の場合は投函する日,持参する場合は持参日の日付を記入する。 |
| 生年月日 | 西暦は避ける。元号を省略せずに記入する。 |
| 氏名 | 戸籍上の漢字を使う。印鑑押印欄があれば忘れずに押す。 |
| 住所 | フリガナ欄がカタカナであればカタカナで,平仮名であれば平仮名で記載する。 |
| 学歴 | 最初の行の中央部に「学□□歴」と2文字程度間隔を空けて,中学校卒業から大学(卒業・卒業見込み)まで記入する。中途退学の場合は,理由を簡潔に記載する。留年は記入する必要はない。職歴がなければ,最終学歴の一段下の行の右隅に,「以上」と記載する。 |
| 職歴 | 最終学歴の一段下の行の中央部に「職□□歴」と2文字程度間隔を空け記入する。「株式会社」や「有限会社」など,所属部門を省略しないで記入する。「同上」や「〃」で省略しない。最終職歴の一段下の行の右隅に,「以上」と記載する。 |
| 資格・免許 | 4級以下は記載しない。学習中のものも記載して良い。「普通自動車第一種運転免許」など,省略せずに記載する。 |
| 趣味・特技 | 具体的に(例:読書でもジャンルや好きな作家を)記入する。 |
| 志望理由 | その企業の強みや良い所を見つけ出したうえで,「自分の得意な事」がどう活かせるかなどを考えぬいたものを記入する。 |
| 自己PR | 応募企業の事業内容や職種にリンクするような,自分の経験やスキルなどを記入する。 |
| 本人希望欄 | 面接の連絡方法,希望職種・勤務地などを記入する。「特になし」や空白はNG。 |
| 家族構成 | 最初に世帯主を書き,次に配偶者,それから家族を祖父母,兄弟姉妹の順に。続柄は,本人から見た間柄。兄嫁は,義姉と書く。 |
| 健康状態 | 「良好」が一般的。 |

## 01 エントリーシートの目的

・応募者を，決められた採用予定者数に絞り込むこと

・面接時の資料にする

の2つ。

### ■知りたいのは職務遂行能力

採用担当者が学生を見る場合は，「こいつは与えられた仕事をこなせるかどう
か」という目で見ている。企業に必要とされているのは仕事をする能力なのだ。

> 質問に忠実に，"自分がいかにその会社の求める人材に当てはまるか"を
> 丁寧に答えること。

## 02 効果的なエントリーシートの書き方

### ■情報を伝える書き方

課題をよく理解していることを相手に伝えるような気持ちで書く。

### ■文章力

大切なのは全体のバランスが取れているか。書く前に，何をどれくらいの字
数で収めるか計算しておく。

「起承転結」でいえば，「起」は，文章を起こす導入部分。「承」は，起を受け
て，その提起した問題に対して承認を求める部分。「転」は，自説を展開する
部分。もっともオリジナリティが要求される。「結」は，最後の締めの結論部分。
文章の構成・まとめる力で，総合的な能力が高いことをアピールする。

**▶エントリーシートでよく取り上げられる題材と，その出題意図**

エントリーシートで求められるものは，「自己PR」「志望動機」「将来どうなりたいか（目指すこと）」の3つに大別される。

## 1.「自己PR」

自己分析にしたがって作成していく。重要なのは，「なぜそうしようと思ったか？」「○○をした結果，何が変わったのか？何を得たのか？」という"連続性"が分かるかどうかがポイント。

## 2.「志望動機」

自己PRと一貫性を保ち，業界志望理由と企業志望理由を差別化して表現するように心がける。志望する業界の強みと弱み，志望企業の強みと弱みの把握は基本。

## 3.「将来の展望」

どんな社員を目指すのか，仕事へはどう臨もうと思っているか，目標は何か，などが問われる。仕事内容を事前に把握しておくだけでなく，5年後の自分，10年後の自分など，具体的な将来像を描いておくことが大切。

### 表現力，理解力のチェックポイント

❑文法，語法が正しいかどうか

❑論旨が論理的で一貫しているかどうか

❑1センテンスが簡潔かどうか

❑表現が統一されているかどうか（「です，ます」調か「だ，である」調か）

## 01 個人面接

### ●自由面接法

面接官と受験者のキャラクターやその場の雰囲気，質問と応答の進行具合などによって雑談形式で自由に進められる。

### ●標準面接法

自由面接法とは逆に，質問内容や評価の基準などがあらかじめ決まっている。実際には自由面接法と併用で，おおまかな質問事項や判定基準，評価ポイントを決めておき，質疑応答の内容上の制限を緩和しておくスタイルが一般的。1次面接などでは標準面接法をとり，2次以降で自由面接法をとる企業も多い。

### ●非指示面接法

受験者に自由に発言してもらい，面接官は話題を引き出したりするときなど，最小限の質問をするという方法。

### ●圧迫面接法

わざと受験者の精神状態を緊張させ，受験者がどのような応答をするかを観察し，判定する。受験者は，冷静に対応することが肝心。

## 02 集団面接

面接の方法は個人面接と大差ないが，面接官がひとつの質問をして，受験者が順にそれに答えるという方法と，面接官が司会役になって，座談会のような形式で進める方法とがある。

座談会のようなスタイルでの面接は，なるべく受験者全員が関心をもっているような話題を取りあげ，意見を述べさせるという方法。この際，司会役以外の面接官は一言も発言せず，判定・評価に専念する。

## 03 グループディスカッション

グループディスカッション（以下，GD）の時間は30〜60分程度，1グループの人数は5〜10人程度で，司会は面接官が行う場合や，時間を決めて学生が交替で行うことが多い。面接官は内容については特に指示することはなく，受験者がどのようにGDを進めるかを観察する。

評価のポイントは，全体的には理解力，表現力，指導性，積極性，協調性など，個別的には性格，知識，適性などが観察される。

GDの特色は，集団の中での個人ということで，受験者の能力がどの程度のものであるか，また，どのようなことに向いているかを判定できること。受験者は，グループの中における自分の位置を面接官に印象づけることが大切だ。

### グループディスカッション方式の面接におけるチェックポイント

- ❏全体の中で適切な論点を提供できているかどうか。
- ❏問題解決に役立つ知識を持っているか，また提供できているかどうか。
- ❏もつれた議論を解きほぐし，的はずれの議論を元に引き戻す努力をしているかどうか。
- ❏グループ全体としての目標をいつも考えているかどうか。
- ❏感情的な対立や攻撃をしかけているようなことはないか。
- ❏他人の意見に耳を傾け，よい意見には賛意を表し，それを全体に推し広げようという寛大さがあるかどうか。
- ❏議論の流れを自然にリードするような主導性を持っているかどうか。
- ❏提出した意見が議論の進行に大きな影響を与えているかどうか。


## 04 面接時の注意点

### ●控え室

控え室には，指定された時間の15分前には入室しよう。そこで担当の係から，面接に際しての注意点や手順の説明が行われるので，疑問点は積極的に聞くようにし，心おきなく面接にのぞめるようにしておこう。会社によっては，所定のカードに必要事項を書き込ませたり，お互いに自己紹介をさせたりする場合もある。また，この控え室での行動も細かくチェックして，合否の資料にしている会社もある。

●入室・面接開始

　係員がドアの開閉をしてくれる場合もあるが，それ以外は軽くノックして入室し，必ずドアを閉める。そして入口近くで軽く一礼し，面接官か補助員の「どうぞ」という指示で正面の席に進み，ここで再び一礼をする。そして，学校名と氏名を名のって静かに着席する。着席時は，軽く椅子にかけるようにする。

●面接終了と退室

　面接の終了が告げられたら，椅子から立ち上がって一礼し，椅子をもとに戻して，面接官または係員の指示を受けて退室する。

　その際も，ドアの前で面接官のほうを向いて頭を下げ，静かにドアを開閉する。控え室に戻ったら，係員の指示を受けて退社する。

## 05 面接試験の評定基準

●協調性

　企業という「集団」では，他人との協調性が特に重視される。

　感情や態度が円満で調和がとれていること，極端に好悪の情が激しくなく，物事の見方や考え方が穏健で中立であることなど，職場での人間関係を円滑に進めていくことのできる人物かどうかが評価される。

●話し方

　外観印象的には，言語の明瞭さや応答の態度そのものがチェックされる。小さな声で自信のない発言，乱暴野卑な発言は減点になる。

　考えをまとめたら，言葉を選んで話すくらいの余裕をもって，真剣に応答しようとする姿勢が重視される。軽率な応答をしたり，まして発言に矛盾を指摘されるような事態は極力避け，もしそのような状況になりそうなときは，自分の非を認めてはっきりと謝るような態度を示すべき。

●好感度

　実社会においては，外観による第一印象が，人間関係や取引に大きく影響を及ぼす。

　「フレッシュな爽やかさ」に加え，入社志望など，自分の意思や希望をより明確にすることで，強い信念に裏づけられた姿勢をアピールできるよう努力したい。

●判断力

何を質問されているのか，何を答えようとしているのか，常に冷静に判断していく必要がある。

●**表現力**

話に筋道が通り理路整然としているか，言いたいことが簡潔に言えるか，話し方に抑揚があり聞く者に感銘を与えるか，用語が適切でボキャブラリーが豊富かどうか。

●**積極性**

活動意欲があり，研究心旺盛であること，進んで物事に取り組み，創造的に解決しようとする意欲が感じられること，話し方にファイトや情熱が感じられること，など。

●**計画性**

見通しをもって順序よく合理的に仕事をする性格かどうか，またその能力の有無。企業の将来性のなかに，自分の将来をどうかみ合わせていこうとしているか，現在の自分を出発点として，何を考え，どんな仕事をしたいのか。

●**安定性**

情緒の安定は，社会生活に欠くことのできない要素。自分自身をよく知っているか，他の人に流されない信念をもっているか。

●**誠実性**

自分に対して忠実であろうとしているか，物事に対してどれだけ誠実な考え方をしているか。

●**社会性**

企業は集団活動なので，自分の考えに固執したり，不平不満が多い性格は向かない。柔軟で適応性があるかどうか。

**清潔感や明朗さ，若々しさといった外観面も重視される。**

## 06 面接試験の質問内容

### 1. 志望動機

受験先の概要や事業内容はしっかりと頭の中に入れておく。また，その企業の企業活動の社会的意義と，自分自身の志望動機との関連を明確にしておく。「安定している」「知名度がある」「将来性がある」といった利己的な動機，「自

分の性格に合っている」というような，あいまいな動機では説得力がない。安定性や将来性は，具体的にどのような企業努力によって支えられているのかという考察も必要だし，それに対する受験者自身の評価や共感なども問われる。

①どうしてその業種なのか

②どうしてその企業なのか

③どうしてその職種なのか

以上の①〜③と，自分の性格や資質，専門などとの関連性を説明できるようにしておく。

自分がどうしてその会社を選んだのか，どこに大きな魅力を感じたのかを，できるだけ具体的に，情熱をもって語ることが重要。自分の長所と仕事の適性を結びつけてアピールし，仕事のやりがいや仕事に対する興味を述べるのもよい。

## ■複数の企業を受験していることは言ってもいい？

同じ職種，同じ業種で何社かかけもちしている場合，正直に答えてもかまわない。しかし，「第一志望はどこですか」というような質問に対して，正直に答えるべきかどうかというと，やはりこれは疑問がある。どんな会社でも，他社を第一志望にあげられれば，やはり愉快には思わない。

また，職種や業種の異なる会社をいくつか受験する場合も同様で，極端に性格の違う会社をあげれば，その矛盾を突かれるのは必至だ。

## 2. 仕事に対する意識・職業観

採用試験の段階では，次年度の配属予定が具体的に固まっていない会社もかなりある。具体的に職種や部署などを細分化して募集している場合は別だが，そうでない場合は，希望職種をあまり狭く限定しないほうが賢明。どの業界においても，採用後，新入社員には，研修としてその会社の各セクションをひと通り経験させる企業は珍しくない。そのうえで，具体的な配属計画を検討するのだ。

大切なことは，就職や職業というものを，自分自身の生き方の中にどう位置づけるか，また，自分の生活の中で仕事とはどういう役割を果たすのかを考えてみること。つまり自分の能力を活かしたい，社会に貢献したい，自分の存在価値を社会的に実現してみたい，ある分野で何か自分の力を試してみたい……，などの場合を考え，それを自分自身の人生観，志望職種や業種などとの関係を考えて組み立ててみる。自分の人生観をもとに，それを自分の言葉で表現できるようにすることが大切。

## 3. 自己紹介・自己PR

性格そのものを簡単に変えたり，欠点を克服したりすることは実際には難しいが，"仕方がない"という姿勢を見せることは禁物で，どんなささいなことでも，努力している面をアピールする。また一般的にいって，専門職を除けば，就職時になんらかの資格や技能を要求する企業は少ない。

ただ，資格をもっていれば採用に有利とは限らないが，専門性を要する業種では考慮の対象とされるものもある。たとえば英検，簿記など。

企業が学生に要求しているのは，4年間の勉学を重ねた学生が，どのように仕事に有用であるかということで，学生の知識や学問そのものを聞くのが目的ではない。あくまで，社会人予備軍としての謙虚さと素直さを失わないようにする。

知識や学力よりも，その人の人間性，ビジネスマンとしての可能性を重視するからこそ，面接担当者は，学生生活全般について尋ねることで，書類だけでは分からない人間性を探ろうとする。

何かうち込んだものや思い出に残る経験などは，その人の人間的な成長になんらかの作用を及ぼしているものだ。どんな経験であっても，そこから受けた印象や教訓などは，明確に答えられるようにしておきたい。

### 4. 一般常識・時事問題

一般常識・時事問題については筆記試験の分野に属するが，面接でこうしたテーマがもち出されることも珍しくない。受験者がどれだけ社会問題に関心をもっているか，一般常識をもっているか，また物事の見方・考え方に偏りがないかなどを判定する。知識や教養だけではなく，一問一答の応答を通じて，その人の性格や適応能力まで判断されることになる。

## 07 面接に向けての事前準備

### ■面接試験1カ月前までには万全の準備をととのえる

### ●志望会社・職種の研究

新聞の経済欄や経済雑誌などのほか，会社年鑑，株式情報など書物による研究をしたり，インターネットにあがっている企業情報や，検索によりさまざまな角度から調べる。すでにその会社へ就職している先輩や知人に会って知識を得たり，大学のキャリアセンターへ情報を求めるなどして総合的に判断する。

### ■専攻科目の知識・卒論のテーマなどの整理

大学時代にどれだけ勉強してきたか，専攻科目や卒論のテーマなどを整理しておく。

**■時事問題に対する準備**

毎日欠かさず新聞を読む。志望する企業の話題は，就職ノートに整理するなどもアリ。

## 面接当日の必需品

❑必要書類（履歴書，卒業見込証明書，成績証明書，健康診断書，推薦状）

❑学生証

❑就職ノート（志望企業ファイル）

❑印鑑，朱肉

❑筆記用具（万年筆，ボールペン，サインペン，シャープペンなど）

❑手帳，ノート

❑地図（訪問先までの交通機関などをチェックしておく）

❑現金（小銭も用意しておく）

❑腕時計（オーソドックスなデザインのもの）

❑ハンカチ，ティッシュペーパー

❑くし，鏡（女性は化粧品セット）

❑シューズクリーナー

❑ストッキング

❑折りたたみ傘（天気予報をチェックしておく）

❑携帯電話，充電器

## ■一般常識試験

> 社会人として企業活動を行ううえで最低限必要となる一般常識のほか，
> 英語，国語，社会（時事問題），数学などの知識の程度を確認するもの。

　難易度はおおむね中学・高校の教科書レベル。一般常識の問題集を1冊やっておけばよいが，業界によっては専門分野が出題されることもあるため，必ず志望する企業のこれまでの試験内容は調べておく。

## ■一般常識試験の対策

・**英語**　慣れておくためにも，教科書を復習する，英字新聞を読むなど。

・**国語**　漢字，四字熟語，反対語，同音異義語，ことわざをチェック。

・**時事問題**　新聞や雑誌，テレビ，ネットニュースなどアンテナを張っておく。

## ■適性検査

　SPI（Synthetic Personality Inventory）試験（SPI3試験）とも呼ばれ，能力テストと性格テストを合わせたもの。

　能力テストでは国語能力を測る「言語問題」と，数学能力を測る「非言語問題」がある。言語的能力，知覚能力，数的能力のほか，思考・推理能力，記憶力，注意力などの問題で構成されている。

　性格テストは「はい」か「いいえ」で答えていく。仕事上の適性と性格の傾向などが一致しているかどうかをみる。

> SPIは職務への適応性を客観的にみるためのもの。

## 01 「論文」と「作文」

　一般に「論文」はあるテーマについて自分の意見を述べ，その論証をする文章で，必ず意見の主張とその論証という2つの部分で構成される。問題提起と論旨の展開，そして結論を書く。

　「作文」は，一般的には感想文に近いテーマ，たとえば「私の興味」「将来の夢」といったものがある。

　就職試験では「論文」と「作文」を合わせた"論作文"とでもいうようなものが出題されることが多い。

　論作文試験とは，「文章による面接」。テーマに書き手がどういう態度を持っているかを知ることが，出題の主な目的だ。受験者の知識・教養・人生観・社会観・職業観，そして将来への希望などが，どのような思考を経て，どう表現されているかによって，企業にとって，必要な人物かどうかを判断している。

　論作文の場合には，書き手の社会的意識や考え方に加え，「感銘を与える」働きが要求される。就職活動とは，企業に対し「自分をアピールすること」だということを常に念頭に置いておきたい。

### Point

**論文と作文の違い**

| | 論　　文 | 作　　文 |
|---|---|---|
| テーマ | 学術的・社会的・国際的なテーマ。時事，経済問題など | 個人的・主観的なテーマ。人生観，職業観など |
| 表現 | 自分の意見や主張を明確に述べる。 | 自分の感想を述べる。 |
| 展開 | 四段型（起承転結）の展開が多い。 | 三段型（はじめに・本文・結び）の展開が多い。 |
| 文体 | 「だ調・である調」のスタイルが多い。 | 「です調・ます調」のスタイルが多い。 |

・テーマ

与えられた課題（テーマ）を，受験者はどのように理解しているか。

出題されたテーマの意義をよく考え，それに対する自分の意見や感情が，十分に整理されているかどうか。

・表現力

課題について本人が感じたり，考えたりしたことを，文章で的確に表しているか。

・字・用語・その他

かなづかいや送りがなが合っているか，文中で引用されている格言やことわざの類が使用法を間違えていないか，さらに誤字・脱字に至るまで，文章の基本的な力が受験者の人柄ともからんで厳密に判定される。

・オリジナリティ

魅力がある文章とは，オリジナリティを率直に出すこと。自分の感情や意見を，自分の言葉で表現する。

・生活態度

文章は，書き手の人格や人柄を映し出す。平素の社会的関心や他人との協調性，趣味や読書傾向はどうであるかといった，受験者の日常における生き方，生活態度がみられる。

・字の上手・下手

できるだけ読みやすい字を書く努力をする。また，制限字数より文章が長くなって原稿用紙の上下や左右の空欄に書き足したりすることは避ける。消しゴムで消す場合にも，丁寧に。

いずれの場合でも，表面的な文章力を問うているのではなく，受験者の人柄のほうを重視している。

# マナーチェックリスト

就活において企業の人事担当は，面接試験やOG／OB訪問，そして面接試験において，あなたのマナーや言葉遣いといった，「常識力」をチェックしている。現在の自分はどのくらい「常識力」が身についているかをチェックリストで振りかえり，何ができて，何ができていないかを明確にしたうえで，今後の取り組みに生かしていこう。

**評価基準**　5：大変良い　4：やや良い　3：どちらともいえない　2：やや悪い　1：悪い

| | 項　目 | 評　価 | メ　モ |
|---|---|---|---|
| 挨拶 | 明るい笑顔と声で挨拶をしているか | | |
| | 相手を見て挨拶をしているか | | |
| | 相手より先に挨拶をしているか | | |
| | お辞儀を伴った挨拶をしているか | | |
| | 直接の応対者でなくても挨拶をしているか | | |
| 表情 | 笑顔で応対しているか | | |
| | 表情に私的感情がでていないか | | |
| | 話しかけやすい表情をしているか | | |
| | 相手の話は真剣な顔で聞いているか | | |
| 身だしなみ | 前髪は目にかかっていないか | | |
| | 髪型は乱れていないか／長い髪はまとめているか | | |
| | 髭の剃り残しはないか／化粧は健康的か | | |
| | 服は汚れていないか／清潔に手入れされているか | | |
| | 機能的で職業・立場に相応しい服装をしているか | | |
| | 華美なアクセサリーはつけていないか | | |
| | 爪は伸びていないか | | |
| | 靴下の色は適当か／ストッキングの色は自然な肌色か | | |
| | 靴の手入れは行き届いているか | | |
| | ポケットに物を詰めすぎていないか | | |

| | 項　目 | 評　価 | メ　モ |
|---|---|---|---|
| 言葉遣い | 専門用語を使わず，相手にわかる言葉で話しているか | | |
| | 状況や相手に相応しい敬語を正しく使っているか | | |
| | 相手の聞き取りやすい音量・速度で話しているか | | |
| | 語尾まで丁寧に話しているか | | |
| | 気になる言葉癖はないか | | |
| 動作 | 物の授受は両手で丁寧に実施しているか | | |
| | 案内・指し示し動作は適切か | | |
| | キビキビとした動作を心がけているか | | |
| 心構え | 勤務時間・指定時間の5分前には準備が完了しているか | | |
| | 心身ともに健康管理をしているか | | |
| | 仕事とプライベートの切替えができているか | | |

## ☑ 常に自己点検をするクセをつけよう

「人を表情やしぐさ，身だしなみなどの見かけで判断してはいけない」と一般にいわれている。確かに，人の個性は見かけだけではなく，内面においても見いだされるもの。しかし，私たちは人を第一印象である程度決めてしまう傾向がある。それが面接試験など初対面の場合であればなおさらだ。したがって，チェックリストにあるような挨拶，表情，身だしなみ等に注意して面接試験に臨むことはとても重要だ。ただ，これらは面接試験前にちょっと対策したからといって身につくようなものではない。付け焼き刃的な対策をして面接試験に臨んでも，面接官はあっという間に見抜いてしまう。日頃からチェックリストにあるような項目を意識しながら行動することが大事であり，そうすることで，最初はぎこちない挨拶や表情等も，その人の個性に応じたすばらしい所作へ変わっていくことができるのだ。さっそく，本日から実行してみよう。

面接試験において，印象を決定づける表情はとても大事。

どのようにすれば感じのいい表情ができるのか，ポイントを確認していこう。

# 明るく,温和で
# 柔らかな表情をつくろう

### 人間関係の潤滑油

表情に関しては，まずは豊かであるということがベースになってくる。うれしい表情，困った表情，驚いた表情など，さまざまな気持ちを表現できるということが，人間関係を潤いのあるものにしていく。

## Point

　表情はコミュニケーションの大前提。相手に「いつでも話しかけてくださいね」という無言の言葉を発しているのが，就活に求められる表情だ。面接官が安心してコミュニケーションをとろうと思ってくれる表情。それが，明るく，温和で柔らかな表情となる。

# カンタンTraining

## Training **01**

### 喜怒哀楽を表してみよう

・人との出会いを楽しいと思うことが表情の基本
・表情を豊かにする大前提は相手の気持に寄り添うこと
・目元・口元だけでなく，眉の動きを意識することが大事

## Training **02**

### 表情筋のストレッチをしよう

・表情筋は「ウイスキー」の発音によって鍛える
・意識して毎日，取り組んでみよう
・笑顔の共有によって相手との距離が縮まっていく

コミュニケーションは挨拶から始まり，その挨拶ひとつで印象は変わるもの。ポイントを確認していこう。

# 丁寧にしっかりとはっきり挨拶をしよう

### 人間関係の第一歩

挨拶は心を開いて，相手に近づくコミュニケーションの第一歩。たかが挨拶，されど挨拶の重要性をわきまえて，きちんとした挨拶をしよう。形，つまり"技"も大事だが，心をこめることが最も重要だ。

## Point

　挨拶はコミュニケーションの第一歩。相手が挨拶するのを待っているのは望ましくない。挨拶の際のポイントは丁寧であることと，はっきり声に出すことの2つ。丁寧な挨拶は，相手を大事にして迎えている気持ちの表れとなる。はっきり声に出すことで，これもきちんと相手を迎えていることが伝わる。また，相手もその応答として挨拶してくれることで，会ってすぐに双方向のコミュニケーションが成立する。

## いますぐデキる
# カンタンTraining

### Training **01**

## ３つのお辞儀をマスターしよう

① 会釈（15度）　　　② 敬礼（30度）　　　③ 最敬礼（45度）

・息を吸うことを意識してお辞儀をするとキレイな姿勢に
・目線は真下ではなく，床前方1.5m先ぐらいを見よう
・相手への敬意を忘れずに

### Training **02**

## 対面時は言葉が先，お辞儀が後

・相手に体を向けて先に自ら挨拶をする
・挨拶時，相手とアイコンタクトを
　しっかり取ろう
・挨拶の後に，お辞儀をする。
　これを「語先後礼」という

就職活動のはじめかた　**135**

コミュニケーションは「話す」よりも「聞く」ことといわれる。相手が話しやすい聞き方の，ポイントを確認しよう。

受容の立場で
傾聴しよう

**相手の話を受けとめる**

話を聞くときは，やや前に傾く姿勢をとる。表情と姿勢が合わさることにより，話し手の心が開き「あれも，これも話そう」という気持ちになっていく。また，「はい」と一度のお辞儀で頷くと相手の話を受け止めているというメッセージにつながる。

**Point**

　話をすること，話を聞いてもらうことは誰にとってもプレッシャーを伴うもの。そのため，「何でも話して良いんですよ」「何でも話を聞きますよ」「心配しなくて良いんですよ」という気持ちで聞くことが大切になる。その気持ちが聞く姿勢に表れれば，相手は安心して話してくれる。

## いますぐデキる
# カンタンTraining

### Training **01**

## 頷きは一度で

- ・相手が話した後に「はい」と
  一言発する
- ・頷きすぎは逆効果

### Training **02**

## 目線は自然に

- ・鼻の付け根あたりを見ると
  自然な印象に
- ・目を見つめすぎるのはNG

### Training **03**

## 話の句読点で視線を移す

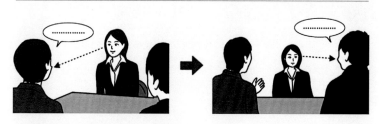

- ・視線は話している人を見ることが基本
- ・複数の人の話を聞くときは句読点を意識し,
  視線を振り分けることで聞く姿勢を表す

# 伝わる話し方

自分の意思を相手に明確に伝えるためには，話し方が重要となる。はっきりと的確に話すためのポイントを確認しよう。

明るい発声を
心がけよう

### ボリュームを意識して

話すときのポイントとしては，ボリュームを意識することが挙げられる。会議室の一番奥にいる人に声が届くように意識することで，声のボリュームはコントロールされていく。

## Point

コミュニケーションとは「伝達」すること。どのようなことも，適当に伝えるのではなく，伝えるべきことがきちんと相手に届くことが大切になる。そのためには，はっきりと，分かりやすく，丁寧に，心を込めて話すこと。言葉だけでなく，表情やジェスチャーを加えることも有効。

# カンタンTraining

## Training 01

### 腹式呼吸で発声練習

- ・「あえいうえおあお」と発声する
- ・腹式呼吸は，胸部をなるべく動かさ ずに，息を吸うときにお腹や腰が膨 らむよう意識する呼吸法

## Training 02

### 早口言葉にチャレンジ

おあやや 母親に お謝り

- ・「おあやや，母親に，お謝り」と早口で
- ・口がすぼまった「お」と口が開いた 「あ」の発音に，変化をつけられる かがポイント

## Training 03

### ジェスチャーを有効活用

- ・腰より上でジェスチャーをする
- ・体から離した位置に手をもっていく
- ・ジェスチャーをしたら戻すところを さだめておく

身だしなみはその人自身を表すもの。身だしなみの基本について，ポイントを確認しよう。

# 清潔感,さわやかさを醸し出せるようにしよう

### プロの企業人にふさわしい身だしなみを

信頼感，安心感をもたれる身だしなみを考えよう。TPOに合わせた服装は，すなわち"礼"を表している。そして，身だしなみには，「清潔感」，「品のよさ」，「控え目である」という，3つのポイントがある。

## Point

相手との心理的な距離や物理的な距離が遠ければ，コミュニケーションは成立しにくくなる。見た目が不潔では誰も近付いてこない。身だしなみが清潔であること，爽やかであることは相手との距離を縮めることにも繋がる。

# いますぐデキる
# カンタンTraining

---

## Training 01

### 髪型，服装を整えよう

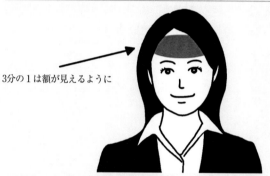

3分の1は額が見えるように

- 男性も女性も眉が見える髪型が望ましい。3分の1は額が見えるように。額は知性と清潔感を伝える場所。男性の髪の長さは耳や襟にかからないように
- スーツで相手の前に立つときは，ボタンはすべて留める。男性の場合は下のボタンは外す

---

## Training 02

### おしゃれとの違いを明確に

- 爪はできるだけ切りそろえる
- 爪の中の汚れにも注意
- ジェルネイル，ネイルアートはNG

---

## Training 03

### 足元にも気を配って

- 女性の場合はパンプス，男性の場合は黒の紐靴が望ましい
- 靴はこまめに汚れを落とし見栄えよく

姿勢にはその人の意欲が反映される。前向き，活動的な姿勢を表すにはどうしたらよいか，ポイントを確認しよう。

# 前向き,活動的な
# 姿勢を維持しよう

## 一直線と左右対称

正しい立ち姿として，耳，肩，腰，くるぶしを結んだ線が一直線に並んでいることが最大のポイントになる。そのラインが直線に近づくほど立ち姿がキレイに整っていることになる。また，"左右対称"というのもキレイな姿勢の要素のひとつになる。

## Point

　姿勢は，身体と心の状態を反映するもの。そのため，良い姿勢でいることは，印象が清々しいだけでなく，健康で元気そうに見え，話しかけやすさにも繋がる。歩く姿勢，立つ姿勢，座る姿勢など，どの場面にも心身の健康状態が表れるもの。日頃から心身の健康状態に気を配り，フィジカルとメンタル両面の自己管理を心がけよう。

# いますぐデキる
# カンタンTraining

## Training 01

## キレイな歩き方を心がけよう

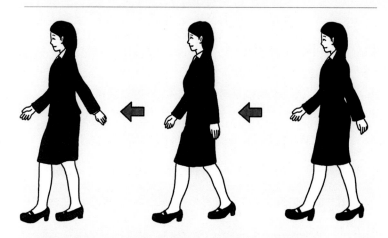

- ・女性は1本の線上を，男性はそれよりも太い線上を沿うように歩く
- ・一歩踏み出したときに前の足に体重を乗せるように，腰から動く
- ・12時の方向につま先をもっていく

## Training 02

## 前向きな気持ちを持とう

- ・常に前向きな気持ちが姿勢を正す
- ・ポジティブ思考を心がけよう

言葉遣いの正しさはとは，場面にあった言葉を遣うということ。相手を気づかいながら，言葉を選ぶことで，より正しい言葉に近づいていく。

# 相手と場面に合わせた ふさわしい言葉遣いを

次の文は接客の場面でよくある間違えやすい敬語です。
それぞれの言い方は○×どちらでしょうか。

問1「資料をご拝読いただきありがとうございます」

問2「こちらのパンフレットはもういただかれましたか？」

問3「恐れ入りますが，こちらの用紙にご記入してください」

問4「申し訳ございませんが，来週，休ませていただきます」

問5「先ほどの件，帰りましたら上司にご報告いたしますので」

## Point

　ビジネスのシーンに敬語は欠くことができない。何度もやり取りをしていく中で，親しさの度合いによっては，あえてくだけた表現を用いることもあるが，「親しき仲にも礼儀あり」と言われるように，敬意や心づかいをおろそかにしてはいけないもの。相手に誤解されたり，相手の気分を壊すことのないように，相手や場面にふさわしい言葉遣いが大切になる。

# 問1 （×） ○正しい言い換え例

→「ご覧いただきありがとうございます」など

「拝読」は自分が「読む」意味の謙譲語なので，相手の行為に使うのは誤り。読むと見るは同義なため，多く，見るの尊敬語「ご覧になる」が用いられる。

# 問2 （×） ○正しい言い換え例

→「お持ちですか」「お渡ししましたでしょうか」 など

「いただく」は，食べる・飲む・もらうの謙譲語。「もらったかどうか」と聞きたいのだから，「おもらいになりましたか」と言えないこともないが，持っているかどうか，受け取ったかどうかという意味で「お持ちですか」などが使われることが多い。また，自分側が渡すような場合は，「お渡しする」を使って「お渡ししましたでしょうか」などの言い方に換えることもできる。

# 問3 （×） ○正しい言い換え例

→「恐れ入りますが，こちらの用紙にご記入ください」など

「ご記入する」の「お（ご）〜する」は謙譲語の形。相手の行為を謙譲語で表すことになるため誤り。「して」を取り除いて「ご記入ください」か，和語に言い換えて「お書きください」とする。ほかにも「お書き／ご記入・いただけますでしょうか・願います」などの表現もある。

# 問4 （△）

有給休暇を取る場合や，弔事等で休むような場面で，用いられることも多い。「休ませていただく」ということで一見丁寧に響くが，「来週休むと自分で休みを決めている」という勝手な表現にも受け取られかねない言葉だ。ここは同じ「させていただく」を用いても，相手の都合をうかがう言い方に換えて「○○がございまして，申し訳ございませんが，休みをいただいてもよろしいでしょうか」などの言い換えが好ましい。

# 問5 （×） ○正しい言い換え例

→「上司に報告いたします」

「ご報告いたします」は，ソトの人との会話で使うとするならば誤り。「ご報告いたします」の「お・ご〜いたす」は，「お・ご〜する」と「〜いたす」という2つの敬語を含む言葉。そのうちの「お・ご〜する」は，主語である自分を低めて相手＝上司を高める働きをもつ表現（謙譲Ⅰ）。一方「〜いたす」は，主語の私を低めて，話の聞き手に対して丁重に述べる働きをもつ表現（謙譲語Ⅱ　丁重語）。「お・ご〜する」も「〜いたす」も同じ謙譲語であるため紛らわしいが，主語を低める（謙譲）という働きは同じでも，行為の相手を高める働きがあるかないかという点に違いがあるといえる。

敬語は正しく使用することで，相手の印象を大きく変えることができる。尊敬語，謙譲語の区別をはっきりつけて，誤った用法で話すことのないように気をつけよう。

# 言葉の使い方が
# マナーを表す!

■よく使われる尊敬語の形　「言う・話す・説明する」の例

| 専用の尊敬語型 | おっしゃる |
|---|---|
| 〜れる・〜られる型 | 言われる・話される・説明される |
| お（ご）〜になる型 | お話しになる・ご説明になる |
| お（ご）〜なさる型 | お話しなさる・ご説明なさる |

■よく使われる謙譲語の形　「言う・話す・説明する」の例

| 専用の謙譲語型 | 申す・申し上げる |
|---|---|
| お（ご）〜する型 | お話しする・ご説明する |
| お（ご）〜いたす型 | お話しいたします・ご説明いたします |

**Point**

　同じ尊敬語・謙譲語でも，よく使われる代表的な形がある。ここではその一例をあげてみた。敬語の使い方に迷ったときなどは，まずはこの形を思い出すことで，大抵の語はこの型にはめ込むことができる。同じ言葉を用いたほうがよりわかりやすいといえるので，同義に使われる「言う・話す・説明する」を例に考えてみよう。

　ほかにも「お話しくださる」や「お話しいただく」「お元気でいらっしゃる」などの形もあるが，まずは表の中の形を見直そう。

なお，尊敬語の中の「言われる」などの「れる・られる」を付けた形は省力している。

| 基本 | 尊敬語（相手側） | 謙譲語（自分側） |
|---|---|---|
| 会う | お会いになる | お目にかかる・お会いする |
| 言う | おっしゃる | 申し上げる・申す |
| 行く・来る | いらっしゃる<br>おいでになる<br>お見えになる<br>お越しになる<br>お出かけになる | 伺う・参る<br>お伺いする・参上する |
| いる | いらっしゃる・おいでになる | おる |
| 思う | お思いになる | 存じる |
| 借りる | お借りになる | 拝借する・お借りする |
| 聞く | お聞きになる | 拝聴する<br>拝聞する<br>お伺いする・伺う<br>お聞きする |
| 知る | ご存じ（知っているという意で） | 存じ上げる・存じる |
| する | なさる | いたす |
| 食べる・飲む | 召し上がる・お召し上がりになる<br>お飲みになる | いただく・頂戴する |
| 見る | ご覧になる | 拝見する |
| 読む | お読みになる | 拝読する |

「お伺いする」「お召し上がりになる」などは，「伺う」「召し上がる」自体が敬語なので
「二重敬語」ですが，慣習として定着しており間違いではないもの。

---

*Point*

　上記の「敬語表」は，よく使うと思われる動詞をそれぞれ尊敬語・謙譲語
で表したもの。このように大体の言葉は型にあてはめることができる。言
葉の中には「お（ご）」が付かないものもあるが，その場合でも「〜なさる」
を使って，「スピーチなさる」や「運営なさる」などと言うことができる。ま
た，表では，「言う」の尊敬語「言われる」の例は省いているが，れる・ら
れる型の「言われる」よりも「おっしゃる」「お話しになる」「お話しなさる」
などの言い方のほうが，より敬意も高く，言葉としても何となく響きが落ち
着くといった印象を受けるものとなる。

会話は相手があってのこと。いかなる場合でも，相手に対する心くばりを忘れないことが，会話をスムーズに進めるためのコツになる。

# 心くばりを添えるひと言で
# 言葉の印象が変わる!

　相手に何かを頼んだり，また相手の依頼を断ったり，相手の抗議に対して反論したりする場面では，いきなり自分の意見や用件を切り出すのではなく，場面に合わせて心くばりを伝えるひと言を添えてから本題に移ると，響きがやわらかくなり，こちらの意向も伝えやすくなる。俗にこれは「クッション言葉」と呼ばれている。(右表参照)

Point

　ビジネスの場面で，相手と話したり手紙やメールを送る際には，何か依頼事があってという場合が多いもの。その場合に「ちょっとお願いなんですが…」では，ふだんの会話と変わりがないものになってしまう。そこを「突然のお願いで恐れ入りますが」「急にご無理を申しまして」「こちらの勝手で恐縮に存じますが」「折り入ってお願いしたいことがございまして」などの一言を添えることで，直接的なきつい感じが和らぐだけでなく，「申し訳ないのだけれど，もしもそうしていただくことができればありがたい」という，相手への配慮や願いの気持ちがより強まる。このような前置きの言葉もうまく用いて，言葉に心くばりを添えよう。

| 相手の意向を尋ねる場合 | 「よろしければ」「お差し支えなければ」 |
|---|---|
| | 「ご都合がよろしければ」「もしお時間がありましたら」 |
| | 「もしお嫌いでなければ」「ご興味がおありでしたら」 |
| 相手に面倒を<br>かけてしまうような場合 | 「お手数をおかけしますが」 |
| | 「ご面倒をおかけしますが」 |
| | 「お手を煩わせまして恐縮ですが」 |
| | 「お忙しい時に申し訳ございませんが」 |
| | 「お時間を割いていただき申し訳ありませんが」 |
| | 「貴重なお時間を頂戴し恐縮ですが」 |
| 自分の都合を<br>述べるような場合 | 「こちらの勝手で恐縮ですが」 |
| | 「こちらの都合（ばかり）で申し訳ないのですが」 |
| | 「私どもの都合ばかりを申しまして，まことに申し訳なく存じますが」 |
| | 「ご無理を申し上げまして恐縮ですが」 |
| 急な話をもちかけた場合 | 「突然のお願いで恐れ入りますが」 |
| | 「急にご無理を申しまして」 |
| | 「もっと早くにご相談申し上げるべきところでございましたが」 |
| | 「差し迫ってのことでまことに申し訳ございませんが」 |
| 何度もお願いする場合 | 「たびたびお手数をおかけしまして恐縮に存じますが」 |
| | 「重ね重ね恐縮に存じますが」 |
| | 「何度もお手を煩わせまして申し訳ございませんが」 |
| | 「ご面倒をおかけしてばかりで，まことに申し訳ございませんが」 |
| 難しいお願いをする場合 | 「ご無理を承知でお願いしたいのですが」 |
| | 「たいへん申し上げにくいのですが」 |
| | 「折り入ってお願いしたいことがございまして」 |
| あまり親しくない相手に<br>お願いする場合 | 「ぶしつけなお願いで恐縮ですが」 |
| | 「ぶしつけながら」 |
| | 「まことに厚かましいお願いでございますが」 |
| 相手の提案・誘いを断る場合 | 「申し訳ございませんが」 |
| | 「（まことに）残念ながら」 |
| | 「せっかくのご依頼ではございますが」 |
| | 「たいへん恐縮ですが」 |
| | 「身に余るお言葉ですが」 |
| | 「まことに失礼とは存じますが」 |
| | 「たいへん心苦しいのですが」 |
| | 「お引き受けしたいのはやまやまですが」 |
| 問い合わせの場合 | 「つかぬことをうかがいますが」 |
| | 「突然のお尋ねで恐縮ですが」 |

ここでは文章の書き方における，一般的な敬称について言及している。はがき，手紙，メール等，通信手段はさまざま。それぞれの特性をふまえて有効活用しよう。

# 相手の気持ちになって
# 見やすく美しく書こう

■敬称のいろいろ

| 敬称 | 使う場面 | 例 |
|---|---|---|
| 様 | 職名・役職のない個人 | （例）飯田知子様／ご担当者様／経理部長　佐藤一夫様 |
| 殿 | 職名・組織名・役職のある個人（公用文など） | （例）人事部長殿／教育委員会殿／田中四郎殿 |
| 先生 | 職名・役職のない個人 | （例）松井裕子先生 |
| 御中 | 企業・団体・官公庁などの組織 | （例）○○株式会社御中 |
| 各位 | 複数あてに同一文書を出すとき | （例）お客様各位／会員各位 |

## Point

　封筒・はがきの表書き・裏書きは縦書きが基本だが，洋封筒で親しい人にあてる場合は，横書きでも問題ない。いずれにせよ，定まった位置に，丁寧な文字でバランス良く，正確に記すことが大切。特に相手の住所や名前を乱雑な文字で書くのは，配達の際の間違いを引き起こすだけでなく，受け取る側に不快な思いをさせる。相手の気持ちになって，見やすく美しく書くよう心がけよう。

## ■各通信手段の長所と短所

| | 長所 | 短所 | 用途 |
|---|---|---|---|
| 封書 | ・封を開けなければ本人以外の目に触れることがない。<br>・丁寧な印象を受ける。 | ・多量の資料・画像送付には不向き。<br>・相手に届くまで時間がかかる。 | ・儀礼的な文書(礼状・わび状など)<br>・目上の人あての文書<br>・重要な書類<br>・他人に内容を読まれたくない文書 |
| はがき・カード | ・封書よりも気軽にやり取りできる。<br>・年賀状や季節の便り,旅先からの連絡など絵はがきとしても楽しむことができる。 | ・封に入っていないため,第三者の目に触れることがある。<br>・中身が見えるので,改まった礼状やわび状,こみ入った内容には不向き。<br>・相手に届くまで時間がかかる。 | ・通知状　　・案内状<br>・送り状　　・旅先からの便り<br>・各種お祝い　・お礼<br>・季節の挨拶 |
| FAX | ・手書きの図やイラストを文章といっしょに送れる。<br>・すぐに届く。<br>・控えが手元に残る。 | ・多量の資料の送付には不向き。<br>・事務的な用途で使われることが多く,改まった内容の文書,初対面の人へは不向き。 | ・地図,イラストの入った文書<br>・印刷物(本・雑誌など) |
| 電話 | ・急ぎの連絡に便利。<br>・相手の反応をすぐに確認できる。<br>・直接声が聞けるので,安心感がある。 | ・連絡できる時間帯が制限される。<br>・長々としたこみ入った内容は伝えづらい。 | ・緊急の用件<br>・確実に用件を伝えたいとき |
| メール | ・瞬時に届く。　・控えが残る。<br>・コストが安い。<br>・大容量の資料や画像をデータで送ることができる。<br>・一度に大勢の人に送ることができる。<br>・相手の居場所や状況を気にせず送れる。 | ・事務的な印象を与えるので,改まった礼状やわび状には不向き。<br>・パソコンや携帯電話を持っていない人には送れない。<br>・ウィルスなどへの対応が必要。 | ・データで送りたいとき<br>・ビジネス上の連絡 |

**Point**

　はがきは手軽で便利だが,おわびやお願い,格式を重んじる手紙には不向きとなる。この種の手紙は内容もこみ入ったものとなり,加えて丁寧な文章で書かなければならないので,数行で済むことはまず考えられない。また,封筒に入っていないため,他人の目に触れるという難点もある。このように,はがきにも長所と短所があるため,使う場面や相手によって,他の通信手段と使い分けることが必要となる。

　はがき以外にも,封書・電話・FAX・メールなど,現代ではさまざまな通信手段がある。上に示したように,それぞれ長所と短所があるので,特徴を知って用途によって上手に使い分けよう。

社会人のマナーとして，電話応対のスキルは必要不可欠。まずは失礼なく電話に出ることからはじめよう。積極性が重要だ。

# 相手の顔が見えない分
# 対応には細心の注意を

■電話をかける場合

### ①　○○先生に電話をする

×「私，□□社の××と言いますが，○○様はおられますでしょうか？」

○「××と申しますが，○○様はいらっしゃいますか？」

「おられますか」は「おる」を謙譲語として使うため，通常は相手がいるかどうかに関しては，「いらっしゃる」を使うのが一般的。

### ②　相手の状況を確かめる

×「こんにちは，××です，先日のですね…」

○「××です，先日は有り難うございました，今お時間よろしいでしょうか？」

相手が忙しくないかどうか，状況を聞いてから話を始めるのがマナー。また，やむを得ず夜間や早朝，休日などに電話をかける際は，「夜分（朝早く）に申し訳ございません」「お休みのところ恐れ入ります」などのお詫びの言葉もひと言添えて話す。

### ③　相手が不在，何時ごろ戻るかを聞く場合

×「戻りは何時ごろですか？」

○「何時ごろお戻りになりますでしょうか？」

「戻り」はそのままの言い方，相手にはきちんと尊敬語を使う。

### ④　また自分からかけることを伝える

×「そうですか，ではまたかけますので」

○「それではまた後ほど（改めて）お電話させていただきます」

戻る時間がわかる場合は，「またお戻りになりましたころにでも」「また午後にでも」などの表現もできる。

## ■電話を受ける場合

### ① 電話を取ったら

× 「はい，もしもし，○○（社名）ですが」

○ **「はい，○○（社名）でございます」**

### ② 相手の名前を聞いて

× 「どうも，どうも」

○ **「いつもお世話になっております」**

　あいさつ言葉として定着している決まり文句ではあるが，日頃のお付き合いがあってこそ。あいさつ言葉もきちんと述べよう。「お世話様」という言葉も時折耳にするが，敬意が軽い言い方となる。適切な言葉を使い分けよう。

### ③ 相手が名乗らない

× 「どなたですか？」「どちらさまですか？」

○ **「失礼ですが，お名前をうかがってもよろしいでしょうか？」**

　名乗るのが基本だが，尋ねる態度も失礼にならないように適切な応対を心がけよう。

### ④ 電話番号や住所を教えてほしいと言われた場合

× 「はい，いいでしょうか？」　　× 「メモのご用意は？」

○ **「はい，申し上げます，よろしいでしょうか？」**

　「メモのご用意は？」は，一見親切なようにも聞こえるが，尋ねる相手も用意していることがほとんど。押し付けがましくならない程度に。

### ⑤ 上司への取次を頼まれた場合

× 「はい，今代わります」　　× 「○○部長ですね，お待ちください」

○ **「部長の○○でございますね，ただいま代わりますので，少々お待ちくださいませ」**

　○○部長という表現は，相手側の言い方となる。自分側を述べる場合は，「部長の○○」「○○」が適切。

---

### Point

　自分から電話をかける場合は，まずは自分の会社名や氏名を名乗るのがマナー。たとえ目的の相手が直接出た場合でも，電話では相手の様子が見えないことがほとんど。自分の勝手な判断で話し始めるのではなく，相手の都合を伺い，そのうえで話を始めるのが社会人として必要な気配りとなる。

## デキるオトナをアピール
# 時候の挨拶

| 月 | 漢語調の表現 候、みぎりなどを付けて用いられます | 口語調の表現 |
|---|---|---|
| 1月 (睦月) | 初春・新春 頌春・小寒・大寒・厳寒 | 皆様におかれましては、よき初春をお迎えのことと存じます／厳しい寒さが続いております／珍しく暖かな寒の入りとなりました／大寒という言葉通りの厳しい寒さでございます |
| 2月 (如月) | 春寒・余寒・残雪・立春・梅花・向春 | 立春とは名ばかりの寒さ厳しい毎日でございます／梅の花もちらほらとふくらみ始め、春の訪れを感じる今日この頃です／春の訪れが待ち遠しいのごろでございます |
| 3月 (弥生) | 早春・浅春・春寒・春分・春暖 | 寒さもようやくゆるみ、日ましに春めいてまいりました／ひと雨ごとに春めいてまいりました／日増しに暖かさが加わってまいりました |
| 4月 (卯月) | 春暖・陽春・桜花・桜花爛漫 | 桜花爛漫の季節を迎えました／春光うららかな好季節となりました／花冷えとでも申しましょうか、何だか肌寒い日が続いております |
| 5月 (皐月) | 新緑・薫風・惜春・晩春・立夏・若葉 | 風薫るさわやかな季節を迎えました／木々の緑が目にまぶしいようでございます／目に青葉、山ほととぎす、初鰹の句も思い出される季節となりました |
| 6月 (水無月) | 梅雨・向暑・初夏・薄暑・麦秋 | 初夏の風もさわやかな毎日でございます／梅雨前線が近づいてまいりました／梅雨の晴れ間にのぞく青空は、まさに夏を思わせるようです |
| 7月 (文月) | 盛夏・大暑・炎暑・酷暑・猛暑 | 梅雨が明けたとたん、うだるような暑さが続いております／長い梅雨も明け、いよいよ本格的な夏がやってまいりました／風鈴の音がわずかに涼を運んでくれているようです |
| 8月 (葉月) | 残暑・晩夏・処暑・秋暑 | 立秋とはほんとうに名ばかりの厳しい暑さの毎日です／残暑たえがたい毎日でございます／朝夕はいくらかしのぎやすくなってまいりました |
| 9月 (長月) | 初秋・新秋・爽秋・新涼・清涼 | 九月に入りましてもなお、日差しの強い毎日です／暑さもやっとおとろえはじめたようでございます／残暑も去り、ずいぶんとしのぎやすくなってまいりました |
| 10月 (神無月) | 清秋・錦秋・秋涼・秋冷・寒露 | 秋風もさわやかな過ごしやすい季節となりました／街路樹の葉も日ごとに色を増しております／紅葉の便りの聞かれるころとなりました／秋深く、日増しに冷気も加わってまいりました |
| 11月 (霜月) | 晩秋・暮秋・霜降・初霜・向寒 | 立冬を迎え、まさに冬到来を感じる寒さです／木枯らしの季節になりました／日ごとに冷気が増すようでございます／朝夕はひときわ冷え込むようになりました |
| 12月 (師走) | 寒冷・初冬・師走・歳晩 | 師走を迎え、何かと慌ただしい日々をお過ごしのことと存じます／年の瀬も押しつまり、何かとお忙しくお過ごしのことと存じます／今年も残すところわずかとなりました、お忙しい毎日とお察しいたします |

## いますぐデキる
# シチュエーション別会話例

## シチュエーション1　　取引先との会話

### 「非常に素晴らしいお話で感心しました」→NG！

　「感心する」は相手の立派な行為や，優れた技量などに心を動かされるという意味。意味としては間違いではないが，目上の人に用いると，偉そうに聞こえかねない表現。「感動しました」などに言い換えるほうが好ましい。

## シチュエーション2　　子どもとの会話

### 「お母さんは，明日はいますか？」→NG！

　たとえ子どもとの会話でも，子どもの年齢によっては，ある程度の敬語を使うほうが好ましい。「明日はいらっしゃいますか」では，むずかしすぎると感じるならば，「お出かけですか」などと表現することもできる。

## シチュエーション3　　同僚との会話

### 「今，お暇ですか」→NG？

　同じ立場同士なので，暇に「お」が付いた形で「お暇」ぐらいでも構わないともいえるが，「暇」というのは，するべきことも何もない時間という意味。そのため「お暇ですか」では，あまりにも直接的になってしまう。その意味では「手が空いている」→「空いていらっしゃる」→「お手透き」などに言い換えることで，やわらかく敬意も含んだ表現になる。

## シチュエーション4　　上司との会話

### 「なるほどですね」→NG！

　「なるほど」とは，相手の言葉を受けて，自分も同意見であることを表すため，相手の言葉・意見を自分が評価するというニュアンスも含まれている。そのため自分が評価して述べているという偉そうな表現にもなりかねない。同じ同意ならば，頷き「おっしゃる通りです」などの言葉のほうが誤解なく伝わる。

# 就活スケジュールシート

■年間スケジュールシート

| 1月 | 2月 | 3月 | 4月 | 5月 | 6月 |
|---|---|---|---|---|---|
| **企業関連スケジュール** | | | | | |
| | | | | | |
| | | | | | |
| | | | | | |
| **自己の行動計画** | | | | | |
| | | | | | |
| | | | | | |

就職活動をすすめるうえで，当然重要になってくるのは，自己のスケジュール管理だ。企業の選考スケジュールを把握することも大切だが，自分のペースで進めることになる自己分析や業界・企業研究，面接試験のトレーニング等の計画を立てることも忘れてはいけない。スケジュールシートに「記入」する作業を通して，短期・長期の両方の面から就職試験を考えるきっかけにしよう。

| 7月 | 8月 | 9月 | 10月 | 11月 | 12月 |
|---|---|---|---|---|---|
| **企業関連スケジュール** | | | | | |
| | | | | | |
| **自己の行動計画** | | | | | |
| | | | | | |

# 第4章

## SPI対策

ほとんどの企業では，基本的な資質や能力を見極めるため適性検査を実施しており，現在最も使われているのがリクルートが開発した「SPI」である。

テストの内容は，「言語能力」「非言語能力」「性格」の3つに分かれている。その人がどんな人物で，どんな仕事で力を発揮しやすいのか，また，どんな組織になじみやすいかなどを把握するために行われる。

この章では，SPIの「言語能力」及び「非言語能力」の分野で，頻出内容を絞って，演習問題を構成している。演習問題に複数回チャレンジし，解説をしっかりと熟読して，学習効果を高めよう。

# SPI 対策

## ●SPIとは

SPIは，Synthetic Personality Inventoryの略称で，株式会社リクルートが開発・販売を行っている就職採用向けのテストである。昭和49年から提供が始まり，平成14年と平成25年の2回改訂が行われ，現在はSPI3が最新になる。

SPIは，応募者の仕事に対する適性，職業の適性能力，興味や関心を見極めるのに適しており，現在の就職採用テストでは主流となっている。

SPIは，「知的能力検査」と「性格検査」の2領域にわけて測定され，知的能力検査は「言語能力検査（国語）」と「非言語能力検査（数学）」に分かれている。オプション検査として，「英語（ENG）検査」を実施することもある。性格適性検査では，性格を細かく分析するために，非常に多くの質問が出される。SPIの性格適性検査では，正式な回答はなく，全ての質問に正直に答えることが重要である。

本章では，その中から，「言語能力検査」と「非言語能力検査」に絞って収録している。

## ●SPIを利用する企業の目的

①：志望者から人数を絞る

一部上場企業にもなると，数万単位の希望者が応募してくる。基本的な資質能力や会社への適性能力を見極めるため，SPIを使って，人数の絞り込みを行う。

②：知的能力を見極める

SPIは，応募者1人1人の基本的な知的能力を比較することができ，それによって，受検者の相対的な知的能力を見極めることが可能になる。

③：性格をチェックする

その職種に対する適性があるが，300程度の簡単な質問によって発想力やパーソナリティを見ていく。性格検査なので，正解というものはなく，正直に回答していくことが重要である。

## ●SPIの受検形式

　SPIは，企業の会社説明会や会場で実施される「ペーパーテスト形式」と，パソコンを使った「テストセンター形式」とがある。

　近年，ペーパーテスト形式は減少しており，ほとんどの企業が，パソコンを使ったテストセンター形式を採用している。志望する企業がどのようなテストを採用しているか，早めに確認し，対策を立てておくこと。

## ●SPIの出題形式

　SPIは，言語分野，非言語分野，英語（ENG），性格適性検査に出題形式が分かれている。

| 科目 | 出題範囲・内容 |
|---|---|
| 言語分野 | 二語の関係，語句の意味，語句の用法，文の並び換え，空欄補充，熟語の成り立ち，文節の並び換え，長文読解　等 |
| 非言語分野 | 推論，場合の数，確率，集合，損益算，速度算，表の読み取り，資料の読み取り，長文読み取り　等 |
| 英語（ENG） | 同意語，反意語，空欄補充，英英辞書，誤文訂正，和文英訳，長文読解　等 |
| 性格適性検査 | 質問：300問程度　時間：約35分 |

## ●受検対策

　本章では，出題が予想される問題を厳選して収録している。問題と解答だけではなく，詳細な解説も収録しているので，分からないところは複数回問題を解いてみよう。

# 言語分野

## 同音異義語

●**あいせき**
哀惜　死を悲しみ惜しむこと
愛惜　惜しみ大切にすること

●**いぎ**
意義　意味・内容・価値
異議　他人と違う意見
威儀　いかめしい挙動
異義　異なった意味

●**いし**
意志　何かをする積極的な気持ち
意思　しようとする思い・考え

●**いどう**
異同　異なり・違い・差
移動　場所を移ること
異動　地位・勤務の変更

●**かいこ**
懐古　昔を懐かしく思うこと
回顧　過去を振り返ること
解雇　仕事を辞めさせること

●**かいてい**
改訂　内容を改め直すこと
改定　改めて定めること

●**かんしん**
関心　気にかかること
感心　心に強く感じること
歓心　嬉しいと思う心

寒心　肝を冷やすこと

●**きてい**
規定　規則・定め
規程　官公庁などの規則

●**けんとう**
見当　だいたいの推測・判断・
　　　めあて
検討　調べ究めること

●**こうてい**
工程　作業の順序
行程　距離・みちのり

●**じき**
直　　すぐに
時期　時・折り・季節
時季　季節・時節
時機　適切な機会

●**しゅし**
趣旨　趣意・理由・目的
主旨　中心的な意味

●**たいけい**
体型　人の体格
体形　人や動物の形態
体系　ある原理に基づき個々のも
　　　のを統一したもの
大系　系統立ててまとめた叢書

●**たいしょう**

対象　行為や活動が向けられる相手

対称　対応する位置にあること

対照　他のものと照らし合わせること

●たんせい

端正　人の行状が正しくきちんとしているさま

端整　人の容姿が整っているさま

●はんざつ

繁雑　ごたごたと込み入ること

煩雑　煩わしく込み入ること

●ほしょう

保障　保護して守ること

保証　確かだと請け合うこと

補償　損害を補い償うこと

●むち

無知　知識・学問がないこと

無恥　恥を知らないこと

●ようけん

要件　必要なこと

用件　なすべき仕事

## 同訓漢字

●あう

合う…好みに合う。答えが合う。

会う…客人と会う。立ち会う。

遭う…事故に遭う。盗難に遭う。

●あげる

上げる…プレゼントを上げる。効果を上げる。

挙げる…手を挙げる。全力を挙げる。

揚げる…凧を揚げる。てんぷらを揚げる。

●あつい

暑い…夏は暑い。暑い部屋。

熱い…熱いお湯。熱い視線を送る。

厚い…厚い紙。面の皮が厚い。

篤い…志の篤い人。篤い信仰。

●うつす

写す…写真を写す。文章を写す。

映す…映画をスクリーンに映す。鏡に姿を映す。

●おかす

冒す…危険を冒す。病に冒された人。

犯す…犯罪を犯す。法律を犯す。

侵す…領空を侵す。プライバシーを侵す。

●おさめる

治める…領地を治める。水を治める。

収める…利益を収める。争いを収める。

修める…学問を修める。身を修める。

納める…税金を納める。品物を納める。

●かえる

変える…世界を変える。性格を変える。

代える…役割を代える。背に腹は代えられぬ。

替える…円をドルに替える。服を
　　　　替える。

●きく
聞く…うわさ話を聞く。明日の天
　　　気を聞く。
聴く…音楽を聴く。講義を聴く。

●しめる
閉める…門を閉める。ドアを閉め
　　　　る。
締める…ネクタイを締める。気を
　　　　引き締める。
絞める…首を絞める。絞め技をか
　　　　ける。

●すすめる
進める…足を進める。話を進める。
勧める…縁談を勧める。加入を勧
　　　　める。
薦める…生徒会長に薦める。

●つく
付く…傷が付いた眼鏡。気が付く。
着く…待ち合わせ場所の公園に着
　　　く。地に足が着く。

就く…仕事に就く。外野の守備に
　　　就く。

●つとめる
務める…日本代表を務める。主役
　　　　を務める。
努める…問題解決に努める。療養
　　　　に努める。
勤める…大学に勤める。会社に勤
　　　　める。

●のぞむ
望む…自分の望んだ夢を追いかけ
　　　る。
臨む…記者会見に臨む。決勝に臨
　　　む。

●はかる
計る…時間を計る。将来を計る。
測る…飛行距離を測る。水深を測
　　　る。

●みる
見る…月を見る。ライオンを見る。
診る…患者を診る。脈を診る。

## 演習問題

1　カタカナで記した部分の漢字として適切なものはどれか。
　　1　手続きがハンザツだ　　　　　　【汎雑】
　　2　誤りをカンカすることはできない　【観過】
　　3　ゲキヤクなので取扱いに注意する　【激薬】
　　4　クジュウに満ちた選択だった　　　【苦重】
　　5　キセイの基準に従う　　　　　　　【既成】

2 下線部の漢字として適切なものはどれか。

家で飼っている熱帯魚を<u>かんしょう</u>する。

1　干渉
2　観賞
3　感傷
4　勧奨
5　鑑賞

3 下線部の漢字として適切なものはどれか。

彼に責任を<u>ついきゅう</u>する。

1　追窮
2　追究
3　追給
4　追求
5　追及

4 下線部の語句について，両方とも正しい表記をしているものはどれか。

1　私と母とは<u>相生</u>がいい。　・この歌を<u>愛唱</u>している。
2　それは<u>規成</u>の事実である。　・<u>既製品</u>を買ってくる。
3　同音<u>異義語</u>を見つける。　・会議で<u>意議</u>を申し立てる。
4　選挙の<u>大勢</u>が決まる。　・作曲家として<u>大成</u>する。
5　<u>無常</u>の喜びを味わう。　・<u>無情</u>にも雨が降る。

5 下線部の漢字として適切なものはどれか。

彼の体調は<u>かいほう</u>に向かっている。

1　介抱
2　快方
3　解放
4　回報
5　開放

### 1 5

**解説** 1 「煩雑」が正しい。「汎」は「汎用(はんよう)」などと使う。
2 「看過」が正しい。「観」は「観光」や「観察」などと使う。 3 「劇薬」
が正しい。「少量の使用であってもはげしい作用のするもの」という意味
であるが「激」を使わないことに注意する。 4 「苦渋」が正しい。苦し
み悩むという意味で、「苦悩」と同意であると考えてよい。 5 「既成概
念」などと使う場合もある。同音で「既製」という言葉があるが、これは
「既製服」や「既製品」という言葉で用いる。

### 2 2

**解説** 同音異義語や同訓異字の問題は、その漢字を知っているだけで
は対処できない。「植物や魚などの美しいものを見て楽しむ」場合は「観
賞」を用いる。なお、「芸術作品」に関する場合は「鑑賞」を用いる。

### 3 5

**解説** 「ついきゅう」は、特に「追究」「追求」「追及」が頻出である。「追
究」は「あることについて徹底的に明らかにしようとすること」、「追求」
は「あるものを手に入れようとすること」、「追及」は「後から厳しく調べ
ること」という意味である。ここでは、「責任」という言葉の後にあるので、
「厳しく」という意味が含まれている「追及」が適切である。

### 4 4

**解説** 1の「相生」は「相性」、2の「規成」は「既成」、3の「意議」は「異
議」、5の「無常」は「無上」が正しい。

### 5 2

**解説** 「快方」は「よい方向に向かっている」という意味である。なお、
1は病気の人の世話をすること、3は束縛を解いて自由にすること、4は
複数人で回し読む文書、5は出入り自由として開け放つ、の意味。

## 熟語

### 四字熟語

□曖昧模糊　あいまいもこ―はっきりしないこと。

□阿鼻叫喚　あびきょうかん―苦しみに耐えられないで泣き叫ぶこと。はなはだしい惨状を形容する語。

□暗中模索　あんちゅうもさく―暗闇で手さぐりでものを探すこと。様子がつかめずどうすればよいかわからないままやってみること。

□以心伝心　いしんでんしん―無言のうちに心から心に意思が通じ合うこと。

□一言居士　いちげんこじ―何事についても自分の意見を言わなければ気のすまない人。

□一期一会　いちごいちえ―一生のうち一度だけの機会。

□一日千秋　いちじつせんしゅう―一日会わなければ千年も会わないように感じられることから，一日が非常に長く感じられること。

□一念発起　いちねんほっき―決心して信仰の道に入ること。転じてある事を成就させるために決心すること。

□一網打尽　いちもうだじん―一網打つだけで多くの魚を捕らえることから，一度に全部捕らえること。

□一獲千金　いっかくせんきん―一時にたやすく莫大な利益を得ること。

□一挙両得　いっきょりょうとく―一つの行動で二つの利益を得ること。

□意馬心猿　いばしんえん―馬が走り，猿が騒ぐのを抑制できないことにたとえ，煩悩や欲望の抑えられないさま。

□意味深長　いみしんちょう―意味が深く含蓄のあること。

□因果応報　いんがおうほう―よい行いにはよい報いが，悪い行いには悪い報いがあり，因と果とは相応じるものであるということ。

□慇懃無礼　いんぎんぶれい―うわべはあくまでも丁寧だが，実は尊大であること。

□有為転変　ういてんぺん―世の中の物事の移りやすくはかない様子のこと。

□右往左往　うおうさおう―多くの人が秩序もなく動き，あっちへ行ったりこっちへ来たり，混乱すること。

□右顧左眄 うこさべん―右を見たり，左を見たり，周囲の様子ばかりう
かがっていて決断しないこと。

□有象無象 うぞうむぞう―世の中の無形有形の一切のもの。たくさん集
まったつまらない人々。

□海千山千 うみせんやません―経験を積み，その世界の裏まで知り抜い
ている老獪な人。

□紆余曲折 うよきょくせつ―まがりくねっていること。事情が込み入っ
て，状況がいろいろ変化すること。

□雲散霧消 うんさんむしょう―雲や霧が消えるように，あとかたもなく
消えること。

□栄枯盛衰 えいこせいすい―草木が繁り，枯れていくように，盛んになっ
たり衰えたりすること。世の中の浮き沈みのこと。

□栄耀栄華 えいようえいが―権力や富貴をきわめ，おごりたかぶること。

□会者定離 えしゃじょうり―会う者は必ず離れる運命をもつというこ
と。人生の無常を説いたことば。

□岡目八目 おかめはちもく―局外に立ち，第三者の立場で物事を観察す
ると，その是非や損失がよくわかるということ。

□温故知新 おんこちしん―古い事柄を究め新しい知識や見解を得るこ
と。

□臥薪嘗胆 がしんしょうたん―たきぎの中に寝，きもをなめる意で，目
的を達成するのために苦心，苦労を重ねること。

□花鳥風月 かちょうふうげつ―自然界の美しい風景，風雅のこころ。

□我田引水 がでんいんすい―自分の利益となるように発言したり行動し
たりすること。

□画竜点睛 がりょうてんせい―竜を描いて最後にひとみを描き加えたと
ころ，天に上ったという故事から，物事を完成させるために
最後に付け加える大切な仕上げ。

□夏炉冬扇 かろとうせん―夏の火鉢，冬の扇のようにその場に必要のな
い事物。

□危急存亡 ききゅうそんぼう―危機が迫ってこのまま生き残れるか滅び
るかの瀬戸際。

□疑心暗鬼 ぎしんあんき―心の疑いが妄想を引き起こして実際にはいな
い鬼の姿が見えるようになることから，疑心が起こると何で

もないことまで恐ろしくなること。

□玉石混交　ぎょくせきこんこう―すぐれたものとそうでないものが入り混じっていること。

□荒唐無稽　こうとうむけい―言葉や考えによりどころがなく，とりとめもないこと。

□五里霧中　ごりむちゅう―迷って考えの定まらないこと。

□針小棒大　しんしょうぼうだい―物事を大袈裟にいうこと。

□大同小異　だいどうしょうい―細部は異なっているが総体的には同じであること。

□馬耳東風　ばじとうふう―人の意見や批評を全く気にかけず聞き流すこと。

□波瀾万丈　はらんばんじょう―さまざまな事件が次々と起き，変化に富むこと。

□付和雷同　ふわらいどう――定の見識がなくただ人の説にわけもなく賛同すること。

□粉骨砕身　ふんこつさいしん―力の限り努力すること。

□羊頭狗肉　ようとうくにく―外見は立派だが内容がともなわないこと。

□竜頭蛇尾　りゅうとうだび―初めは勢いがさかんだが最後はふるわないこと。

□臨機応変　りんきおうへん―時と場所に応じて適当な処置をとること。

## 演習問題

1　「海千山千」の意味として適切なものはどれか。
  1　様々な経験を積み，世間の表裏を知り尽くしてずる賢いこと
  2　今までに例がなく，これからもあり得ないような非常に珍しいこと
  3　人をだまし丸め込む手段や技巧のこと
  4　一人で千人の敵を相手にできるほど強いこと
  5　広くて果てしないこと

**2** 四字熟語として適切なものはどれか。
1 竜頭堕尾
2 沈思黙考
3 孟母断危
4 理路正然
5 猪突猛伸

**3** 四字熟語の漢字の使い方がすべて正しいものはどれか。
1 純真無垢　　青天白日　　疑心暗鬼
2 短刀直入　　自我自賛　　危機一髪
3 厚顔無知　　思考錯誤　　言語同断
4 異句同音　　一鳥一石　　好機当来
5 意味深長　　興味深々　　五里霧中

**4** 「一蓮托生」の意味として適切なものはどれか。
1 一味の者を一度で全部つかまえること。
2 物事が順調に進行すること。
3 ほかの事に注意をそらさず，一つの事に心を集中させているさま。
4 善くても悪くても行動・運命をともにすること。
5 妥当なものはない。

**5** 故事成語の意味で適切なものはどれか。
「塞翁(さいおう)が馬」
1 たいして差がない
2 幸不幸は予測できない
3 肝心なものが欠けている
4 実行してみれば意外と簡単
5 努力がすべてむだに終わる

## ○○○解答・解説○○○

### 1  1

**解説**　2は「空前絶後」，3は「手練手管」，4は「一騎当千」，5は「広大無辺」である。

### 2  2

**解説**　2の沈思黙考は，「思いにしずむこと。深く考えこむこと。」の意味である。なお，1は竜頭蛇尾(始めは勢いが盛んでも，終わりにはふるわないこと)，3は孟母断機(孟子の母が織りかけの織布を断って，学問を中途でやめれば，この断機と同じであると戒めた譬え)，4は理路整然(話や議論の筋道が整っていること)，5は猪突猛進(いのししのように向こう見ずに一直線に進むこと)が正しい。

### 3  1

**解説**　2は「単刀直入」「自画自賛」，3は「厚顔無恥」「試行錯誤」「言語道断」，4は「異口同音」「一朝一夕」「好機到来」，5は「興味津々」が正しい。四字熟語の意味を理解する際，どのような字で書かれているかを意識するとよい。

### 4  4

**解説**　「一蓮托生」は，よい行いをした者は天国に行き，同じ蓮の花の上に生まれ変わるという仏教の教えから，「(ことの善悪にかかわらず)仲間として行動や運命をともにすること」をいう。

### 5  2

**解説**　「塞翁が馬」は「人間万事塞翁が馬」と表す場合もある。1は「五十歩百歩」，3は「画竜点睛に欠く」，4は「案ずるより産むが易し」，5は「水泡に帰する」の故事成語の意味である。

## 文法

### Ⅰ 品詞の種類

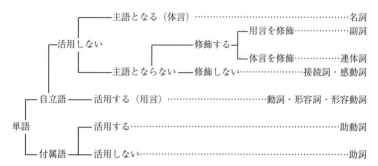

### Ⅱ 動詞の活用形

| 活用 | 基本 | 語幹 | 未然 | 連用 | 終止 | 連体 | 仮定 | 命令 |
|---|---|---|---|---|---|---|---|---|
| 五段 | 読む | 読 | ま　も | み | む | む | め | め |
| 上一段 | 見る | 見 | み | み | みる | みる | みれ | みよ |
| 下一段 | 捨てる | 捨 | て | て | てる | てる | てれ | てよ　てろ |
| カ変 | 来る | 来 | こ | き | くる | くる | くれ | こい |
| サ変 | する | す | し　させ | し | する | する | すれ | せよ　しろ |
| | 主な接続語 | | ナイ・ウ・ヨウ | マス・テ・タ | 言い切る | コト・トキ | バ | 命令 |

### Ⅲ 形容詞の活用形

| 基本 | 語幹 | 未然 | 連用 | 終止 | 連体 | 仮定 | 命令 |
|---|---|---|---|---|---|---|---|
| 美しい | うつくし | かろ | かっく | い | い | けれ | ○ |
| 主な用法 | | ウ | ナル・タ | 言い切る | 体言 | バ | |

### Ⅳ 形容動詞の活用形

| 基本 | 語幹 | 未然 | 連用 | 終止 | 連体 | 仮定 | 命令 |
|---|---|---|---|---|---|---|---|
| 静かだ | 静か | だろ | だっ　で　に | だ | な | なら | ○ |
| 主な用法 | | ウ | タ　アル　ナル | 言い切る | 体言 | バ | |

## Ⅴ　文の成分

主語・述語の関係………花が ― 咲いた。

修飾・被修飾の関係……きれいな ― 花。

接続の関係………………花が咲いた<u>ので</u>, 花見をした。

並立の関係………………<u>赤い花</u>と<u>白い花</u>。

補助の関係………………花が<u>咲いている</u>。（二文節で述語となっている）

〈副詞〉自立語で活用せず，単独で文節を作り，多く連用修飾語を作る。

状態を表すもの…………ついに・さっそく・しばらく・ぴったり・すっかり

程度を表すもの…………もっと・すこし・ずいぶん・ちょっと・ずっと

陳述の副詞………………決して～ない・なぜ～か・たぶん～だろう・もし～ば

〈助動詞〉付属語で活用し，主として用言や他の助動詞について意味を添える。

① 使役……せる・させる（学校に行か<u>せる</u>　服を着<u>させる</u>）

② 受身……れる・られる（先生に怒ら<u>れる</u>　人に見<u>られる</u>）

③ 可能……れる・られる（歩いて行か<u>れる</u>距離　まだ着<u>られる</u>服）

④ 自発……れる・られる（ふと思い出さ<u>れる</u>　容態が案じ<u>られる</u>）

⑤ 尊敬……れる・られる（先生が話さ<u>れる</u>　先生が来<u>られる</u>）

⑥ 過去・完了……た（話を聞い<u>た</u>　公園で遊ん<u>だ</u>）

⑦ 打消……ない・ぬ（僕は知ら<u>ない</u>　知ら<u>ぬ</u>存ぜ<u>ぬ</u>）

⑧ 推量……だろう・そうだ（晴れる<u>だろう</u>　晴れ<u>そうだ</u>）

⑨ 意志……う・よう（旅行に行こ<u>う</u>　彼女に告白し<u>よう</u>）

⑩ 様態……そうだ（雨が降り<u>そうだ</u>）

⑪ 希望……たい・たがる（いっぱい遊び<u>たい</u>　おもちゃを欲し<u>がる</u>）

⑫ 断定……だ（悪いのは相手の方<u>だ</u>）

⑬ 伝聞……そうだ（試験に合格した<u>そうだ</u>）

⑭ 推定……らしい（明日は雨<u>らしい</u>）

⑮ 丁寧……です・ます（それはわたし<u>です</u>　ここにあり<u>ます</u>）

⑯ 打消推量・打消意志……まい（そんなことはある<u>まい</u>　けっして言う<u>まい</u>）

〈助詞〉付属語で活用せず，ある語について，その語と他の語との関係を補助したり，意味を添えたりする。

① 格助詞……主として体言に付き，その語と他の語の関係を示す。

→が・の・を・に・へ・と・から・より・で・や

② 副助詞……いろいろな語に付いて，意味を添える。

→は・も・か・こそ・さえ・でも・しか・まで・ばかり・だけ・など

③ 接続助詞……用言・活用語に付いて，上と下の文節を続ける。

→ば・けれども・が・のに・ので・ても・から・たり・ながら

④ 終助詞……文末（もしくは文節の切れ目）に付いて意味を添える。

→なあ（感動）・よ（念押し）・な（禁止）・か（疑問）・ね（念押し）

## 演習問題

**1** 次のア～オのうち，下線部の表現が適切でないものはどれか。

1 彼はいつもまわりに<u>愛嬌をふりまいて</u>，場を和やかにしてくれる。

2 <u>的を射た</u>説明によって，よく理解することができた。

3 <u>舌先三寸</u>で人をまるめこむのではなく，誠実に説明する。

4 この重要な役目は，彼女に<u>白羽の矢が当てられた</u>。

5 <u>二の舞を演じない</u>ように，失敗から学ばなくてはならない。

**2** 次の文について，言葉の用法として適切なものはどれか。

1 矢折れ刀尽きるまで戦う。

2 ヘルプデスクに電話したが「分かりません」と繰り返すだけで取り付く暇もなかった。

3 彼の言動は肝に据えかねる。

4 彼は証拠にもなく何度も賭け事に手を出した。

5 適切なものはない。

**3** 下線部の言葉の用法として適切なものはどれか。

1 彼は<u>のべつ暇なく</u>働いている。

2 あの人の言動は<u>常軌を失っている</u>。

3 彼女は<u>熱に泳がされている</u>。

4 彼らの主張に対して<u>間髪をいれずに</u>反論した。

5 彼女の自分勝手な振る舞いに<u>顔をひそめた</u>。

4 次の文で，下線部が適切でないものはどれか。

1 ぼくの目標は，兄より早く走れるようになる<u>こと</u>です。

2 先生の<u>おっしゃること</u>をよく聞くのですよ。

3 昨日は家で本を読んだり，テレビを<u>見て</u>いました。

4 風にざわめく木々は，まるで私たちにあいさつをして<u>いるようだった</u>。

5 先生の業績については，よく<u>存じております</u>。

5 下線部の言葉の用法が適切でないものはどれか。

1 <u>急いては事を仕損じる</u>ので，マイペースを心がける。

2 彼女は<u>目端が利く</u>。

3 <u>世知辛い</u>世の中になったものだ。

4 安全を<u>念頭に置いて</u>作業を進める。

5 次の試験に<u>標準を合わせて</u>勉強に取り組む。

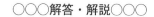

○○○解答・解説○○○

1 4

解説 1の「愛嬌をふりまく」は，おせじなどをいい，明るく振る舞うこと，2の「的を射る」は的確に要点をとらえること，3の「舌先三寸」は口先だけの巧みに人をあしらう弁舌のこと，4はたくさんの中から選びだされるという意味だが，「白羽の矢が当てられた」ではなく，「白羽の矢が立った」が正しい。5の「二の舞を演じる」は他人がした失敗を自分もしてしまうという意味である。

2 5

解説 1「刀折れ矢尽きる」が正しく，「なす術がなくなる」という意味である。　2　話を進めるきっかけが見つからない。すがることができない，という意味になるのは「取り付く島がない」が正しい。　3　「言動」という言葉から，「我慢できなくなる」という意味の言葉を使う必要がある。「腹に据えかねる」が正しい。　4　「何度も賭け事に手を出した」という部分から「こりずに」という意味の「性懲りもなく」が正しい。

3 4

**解説** 1「のべつ幕なしに」，2は「常軌を逸している」，3は「熱に浮かされている」，5は「眉をひそめた」が正しい。

4 3

**解説** 3は前に「読んだり」とあるので，後半も「見たり」にしなければならないが，「見ていました」になっているので表現として適当とはいえない。

5 5

**解説** 5は，「狙う，見据える」という意味の「照準」を使い，「照準を合わせて」と表記するのが正しい。

## 演習問題

1 次の文章を意味が通るように並べ替えたとき，順番として最も適切な
ものはどれか。

A　読書にしたしむ工夫の一つは，自分に興味のあるもの，いや，読み
出したらご飯を食べるのも忘れるほど興味のある本をまず読むことで
す。そんな本を見つけ出せというと，大変むつかしい注文のように聞
こえるけれども，決してそうではない。健康な中学生，高校生なら世
界の名作といわれるものの必ずしも全部ではないが，その半分，ある
いはその三分の一くらいの文学作品には，必ず強い興味をひかれるは
ずだと思うのです。

B　面白い長篇小説を読み上げると，きっと人に話したくなるものです
が，友だちにすすめてこれを読ませ，仲間で討論会—それほどもむつか
しく考えなくてもいいけれども，ここは面白かった，あそこの意味は
よくわからなかった，というような話合いをすること，これが第二の
手だてです。手だてというとかた苦しいが，読後の感想を，気心の知
れた友達と語り合うということは，なかなか楽しいことなのです。話
合うクセがつくと，読んだことも頭と心に深くしみ込むし，また次の
本を読みたい気持もそそられてくるに違いありません。

C　自分の好きな本を見つけて，読み上げる。そういうことを何回も重
ねてゆくということが第一の手だてです。そうするうちに本を読むス
ピードも自然に早くなるし，また自分は大きな本でも読みあげる力が
あるという自信がつきます。すべての人間のすることは，ぼくにはこ
れがやれる，という自信をもってやらなければ，うまく成功しないも
のですが，読書もまた同じことで，自分の読書力についての自信を強
めることが第一です。そのためには若い諸君は，文学ならおもしろい
長篇小説，たとえばスタンダールの『赤と黒』だとか，トルストイの『復
活』だとか，あの程度の長さの名作を読むことをおすすめします。

(『私の読書遍歴』桑原武夫著)

1　A－B－C
2　A－C－B
3　B－C－A

```
  4  C－B－A
  5  C－A－B
```

2  次の文章中の（　　　　）内に，あとのア～キの7つの文を並べ替えて
入れると意味の通った文章になる。並べ方の最も適切なものはどれか。

　以上は，わたしが読む人間から書く人間へ変化していった過程である。
わたしの精神が読む働きから書く働きへ移っていったコースである。もち
ろん，（　　　　　　　　）特別の天才は別として，わたしたちは，多量の精
神的エネルギーを放出しなければ，また，精神の戦闘的な姿勢がなければ，
小さな文章でも書くことはできないのである。

　ア　それに必要な精神的エネルギーの量から見ると，書く，読む，聞く
　　　……という順でしだいに減っていくようである。

　イ　すなわち，読むという働きがまだ受動的であるのに反して，書くと
　　　いう働きは完全に能動的である。

　ウ　しかし，書くという働きに必要なエネルギーは読むという働きに必
　　　要なエネルギーをはるかに凌駕する。

　エ　そこには，精神の姿勢の相違がある。

　オ　読むという働きは，聞くという働きなどに比べれば多量のエネル
　　　ギーを必要とする。

　カ　同様に精神の働きではあるが，一方はかなりパッシブであり，他方
　　　は極めてアクチブである。

　キ　更に考えてみると，読む働きと書く働きとの間には，必要とするエ
　　　ネルギーの大小というだけでなく，もっと質的な相違があると言わね
　　　ばならない。

　　1　ア－ウ－オ－キ－エ－イ－カ
　　2　オ－ウ－ア－キ－エ－イ－カ
　　3　オ－イ－カ－ウ－ア－キ－エ
　　4　エ－オ－ウ－イ－カ－キ－ア
　　5　オ－ア－イ－カ－ウ－キ－エ

3  次の文章の並べ替え方として最も適切なものはどれか。

　A　マジックの番組かと思ったらそうではなかった。政治討論の番組で
　　　あり，声を荒らげていたのは，年金の記録が不明確になってしまった
　　　ものの表現について話している途中の部分だった。

　B　政府側からみれば，「消えた」のではなく，誰に払うべきか分からな

くなってしまったものであるから，「宙に浮いた」と表現したいといったところか。

C　要するにどの立場に立つかによって表現の仕方は変わるのである。逆に言えば，どの表現を用いているかをみれば，その人が，どの立場で，誰の味方となって発言しているかが分かるのである。

D　もらえなかった人にとっては，「消えた」という表現がぴったりであろう。自分が信じて払い，受給する権利がなくなってしまうのであるから，それ以上の表現はない。

E　テレビをつけたままで仕事をしていたら，「消えたのではなく宙に浮いたのだ」と誰かが声を荒らげていた。

1　E－C－A－D－B
2　E－B－D－A－C
3　E－A－D－C－B
4　E－A－D－B－C
5　E－B－D－C－A

○○○解答・解説○○○

1　2

**解説**　Cに「第一の手だて」，Bに「第二の手だて」とあるので，C，Bという順番はわかるだろう。Aをどこに置くかで悩むかもしれないが，Cに「自分の好きな本を見つけて」とあり，これがAの「興味のある本を見つけ出すことは決して難しいことではない」という内容につながっていると考えられる。よって，Cの前にAが来ると考えられる。

2　2

**解説**　出典は清水幾太郎の『論文の書き方』ある。文章を整序する問題は，指示語や接続語に注意しながら，文意が通るように並べ替えていくことが大切である。この問題の場合，選択肢をヒントととらえると「もちろん」の直後には「ア・エ・オ」のいずれかが入ることがわかる。アは「それに必要な精神的エネルギーの量から見ると……」という文になっているので，文頭の「それに」は接続詞ではなく「それ（代名詞）＋に（助詞）」の指示語ととらえられる。そうすると，「もちろん」の直後に入れた場合文意が通らなくなるので，アで始まっている1は誤りとして消去できる。同様にエ

も「そこ」に注目すると文意が通らないことがわかるので,4も消去できる。オは文意が通るので2・3・5について検討していけばよいことになる。したがってオの後ろには「ア・イ・ウ」のいずれかが入ることがわかる。それぞれをあてはめていくと,逆接の接続詞「しかし」で始まっているウが最も文意が通ることに気づく。そうなると2しか残らない。2の順番どおりに読み進めていき,流れがおかしくないかどうか検討し,おかしくなければ正答とみなすことができる。よって,正答は2。

### 3 4

**解説** 作問者による書き下ろし。「発端」「発端についての説明」「まとめ」といった構成になっている。「発端」はEであり,「まとめ」の部分についてはCが該当する。「発端についての説明」については,Aにおいてテレビから聞こえた内容を明らかにし,「消えた」とする立場 (D),「宙に浮いた」とする立場 (B) からそれぞれ説明している。

## 演習問題

**1** 次の文章の内容と一致するものはどれか。

　そもそも神学というものは一般に何かある特定の宗教の信仰内容を論理的な教義に組織したものであります。どういう宗教でも伝道ということを意図する以上は，人を説得するために必ずそういう神学をもたざるをえない。世界的宗教というような，そういう一般人類に通ずる宗教ということを標榜する宗教においては，必ずその宗教を他に伝える伝道ということがその任務に属している。ところで伝道とは，言葉で人に語って，人を説得することをいうわけだから，そこにおのずから論理的に思考し論証するということがなければならなくなる。論理的ということは，そういう場合には論証的，推論的ということになる。ただわれわれが物を考えるというだけならば必ずしも論理的とはいわれない。（略）論理的ということは推論的ということである。ヘーゲルが論理的というのはそういう推論的という意味です。

　　1　ヘーゲルのいう推論は，論理性を離れたものを前提としている。
　　2　世界宗教の開祖は，自らの教義の確立の時点において，神学の構築を意識していた。
　　3　私たちの思考は，必然的に論理的なものになりうる。
　　4　論理的であることと，推論的であることは，互いに深い繋がりがある。
　　5　宗教的な信仰は，純粋な感情を出発点にするので，論理による説得にはなじまない。

**2** 次の文の空欄に入る語句として，最も適切なものはどれか。

　自分がその真只中を生きている老いがある一方には，まだ若い年齢で遠くから眺めている老いというものもあります。老化の進行する具体的体験を持たぬ分だけ，それはいわば観念としての老いであり，観察対象としての老いであるかもしれない。しかし見方によっては，そこに老人自身が描くのとは異なった老いの客観像が浮かび出ているとも言えるでしょう。

　文学作品の場合，もし若くして老年や老人を描くとしたら，その中に特別の意味が隠されているように思われます。自らが渦中にある老いを捉えた優れた小説に切実なリアリティーが宿るのは確かですが，（　　　　）には，

また別の，いわば思念としての切実さやリアリティーが孕まれているのではないでしょうか。人の生涯を遠望した上で，その終りに近い老年に託されたものの姿が垣間見えると考えられるからです。

1　当事者の立場から感じられる老い
2　傍観者として眺められた老い
3　距離を置いて眺められた老い
4　実体験に基づいた老い
5　想像力のみによってとらえられた老い

[3]　次の文章の要旨として正しいものはどれか。

　私たちは，日常の生活の中で話したり聞いたり，書いたり読んだりしている。すなわち，言語行動は日常生活の中におり込まれている。ちょっと考えてみても，朝起きると新聞を「読む」，出かける前に天気予報を「聞く」，店先で買い物をしたり，役所の窓口で手つづきをしたりするときは「言う」あるいは「話す」，遠くの人に用事があれば手紙を「書く」。──こうした言語行動は，そのことだけ切りはなされていとなまれるのではなく，いろいろな目的を持ち，さまざまの結果につながっている。新聞を読むことによって知識を得たり教養をつんだり，そこから自分の生活の方針を考えたりすることができる。天気予報を聞くのは，傘を用意するかしないか，遠方へ出かけるかどうか，これからの行動を決行することに関係する。店先で買物をするとき店員と話したり，銀行の窓口でものを言ったりすることは，何よりも切実な〈経済生活〉を遂行するためには不可欠のことである。

　こんな例からもわかるように，言語行動は日常生活の中に位置して，その重要な部分をなしている。家庭であろうと，店先であろうと，学校であろうと，オフィスであろうと，はたまた，駅であろうと，路上であろうと，人と人との寄り合うところには，必ず言語行動が行われる。

1　言語には「話す」「聞く」「書く」「読む」の4つの側面がある。
2　話し言葉，書き言葉にはそれぞれの役割がある。
3　言語を駆使できないと，社会生活に支障をきたす。
4　人間が社会生活を営めるのは言語を持っているからだ。
5　社会生活にとって，言語は不可欠である。

4 次の文章中で筆者が友人たちに対して感じた「よそよそしさ」の原因と考えられるものはどれか。

一九五八年，おそらく戦後はじめての大がかりな規模の日本古美術欧州巡回展が開催されたことがある。当時パリに留学中であった私は，思いがけなく，日本でもそう容易に見ることのできない数多くの故国の秘宝と直接異国で接する機会を得たわけだが，その時，フランス人の友人たちと何回か会場を廻りながら，私は大変興味深い体験を味わった。

それは，同じ作品を前にしながら，フランスの友人たちの反応の仕方と私自身のそれとのあいだに微妙な喰い違いのあるのに気づかされたことである。といってそれは，彼らが必ずしも日本美術に無理解だというのではない。私の通っていたパリの美術研究所の優秀な仲間で，東洋美術についてかなり深い知識を持っている人でも事情は同じなのである。一般的に言って，彼らの作品評価はおおむね正当である。おおむね正当でありながら，ほんのわずかのところでわれわれ日本人と喰い違っている。そのほんのわずかの喰い違いというのが私には意味深いことのように思われたのである。

そのことはおそらく，その古美術展の会場で，私がフランス人の友人たちに対し，例えば，ルーヴル美術館をいっしょに見る時などには決して感じたことのないような一種のよそよそしさを感じたことと無縁ではないに違いない。平素は何の気がねもなくつきあっている気心の知れた友人たちが雪舟や等伯の作品を前にしていると，ほとんどそれと気づかないくらいわずかながら，私から距離が遠くなったように感じられたのである。それはあるいは，私ひとりの思い過ごしであったのかもしれない。われわれのあいだで会話は平素と少しも変った調子を響かせなかったし，友人たちの方でも何ら変った態度を見せたわけではない。いやおそらくそういう私自身にしても，外から見たかぎりではまったくふだんと同じであったろう。しかもそれでいて私が彼らに対して漠然とながら一種のよそよそしさを覚えたとしたら，それはいったい何を物語っていたのだろう。

1　日本古美術に対する友人たちの無関心
2　雪舟や等伯に対する友人たちの無関心
3　雪舟や等伯に対する友人たちの違和感
4　日本画に対する友人たちの不見識
5　友人たちの自国（フランス）の文化に対する優越感

5 次の文章の下線部はどのようなことを指しているか。

珠算での計算において，ソロバンの珠の動かし方そのものは単純である。数時間もあれば，そのやり方を学ぶことができる。そこで，その後の珠算塾での「学習」は，もっぱら計算（珠の操作）が速くなることに向けられる。一定時間内に，桁数の大きい数の計算がどのくらいたくさん誤りなくできるかによって珠算の「実力」が評価され，「級」や「段」が与えられる。子どもたちは，より上の級に上がるため，珠算での計算の速度を速めるよう練習をくり返すのである。

そこでは多くの場合，なぜこのやり方はうまくいくのか，このステップはどんな意味をもっているのか，などを考えてみようとはしないであろう。教えられたやり方を使って計算しさえすれば，正しい答えがちゃんと出てくるし，何度もくり返し練習すれば確実に速くなる。そして望み通り，級も上へと進むことができるのである。したがって，珠算での熟達者は，計算は非常に速いが，珠算の手続きの本質的意味については理解していない，ということが起こりやすい。

1 教えられたやり方を疑ってみること
2 なぜ珠算が熟達したのかと考えてみること
3 なぜ珠算を練習する必要があるのかということ
4 珠算の各ステップはどんな意味を持っているのかということ
5 珠算の習熟には計算能力の向上以外の意義があるということ

6 次の文の要旨として，正しいものはどれか。

法律では，十八歳になると誰でも自分の生き方を選ぶ権利がある，ということになっている。つまり法律上誰でも「自由」を保証される。でもここには原則がある。

近代社会では，人が「自由」を保証されるのは，人間が生まれつき自由だから，というのではぜんぜんありません。十八歳くらいになれば，他人の自由を尊重することができ，万一誰かの自由を損なったらきちんとそれを償う能力があるはずだ，ということです。他人の自由を尊重し，守れる能力がある，そのことで，はじめて人は「自由」と「人権」を保証される。そういう原則になっている。それが「自由の相互承認」ということです。

こう言うと，「だったら身障者の人たちはどうなるんだ」という人もいるでしょう。たしかにそうで，知力や身体性に難があるために，他人の自由を損なったとき，それを補償する能力をもたない人もいるが，そういう人には人権はないのか，と。

これは責任と義務を共有できる人間どうしで，そういう人の自由と権利も確保しようという合意を取り決めているのです。誰でも自分の家族にそういうハンデある人を身内としてもつ可能性があるわけですから。

1　18歳未満の子供には，自由と人権は与えてはならない。
2　どんな人にでも，自由と人権は無条件で保証されるべきだ。
3　近代社会では18歳になれば，だれにでも自由は与えられる。
4　自由と人権を獲得するには，責任能力を持つ必要がある。
5　障害者の人たちには，自由と人権は与えられていない。

7　次の文章の内容として一致しているものはどれか。

　多くの場合，「批判」という言葉を聞いて連想することは，「相手を攻撃する」などといったイメージである。しかしながら，批判とは，本来，検討を充分に加えた上で批評するものであり，また，「批判」と訳されるドイツ語のクリティークは，「よいものを選び取る」というニュアンスが強い。いずれにしても，相手を感情的に攻撃することとは，似て非なるものであるといえよう。

　かつて，シュンペーターという経済学者は，同時代に活躍した経済学者であるケインズについて，真っ向から異なる見解を述べながら批評を続けた。一方，ケインズが亡くなった後に書いた追悼論文では，異なる見解を述べることを控えつつ，亡き学者の実績と学説を細部にいたるまでまとめ上げた。私達は，ここに本来あるべき批判の姿勢をみることができる。

　自らと異なる見解を持つ者に感情をぶつけることは本当の意味での批判でなく，ましてや学問のあるべき姿勢にはなじまない。異なる見解だからこそ，詳細に検討し，誤りと考える部分をその根拠を挙げながら論理的に指摘し，筋道立てて自説を展開しければならない。

1　批判の出発点は，相手を攻撃することである。
2　ドイツ語のクリティークという概念こそ，批判の対象となるべきものである。
3　ケインズとシュンペーターは，互いの経済学説について激しい論争を繰り広げた。
4　ケインズについて述べたシュンペーターによる追悼論文には，詳細な研究の跡が反映されていた。
5　学者にとって批判精神は命そのものであり，批判の型も個性的なものでなければならない。

◯◯◯解答・解説◯◯◯

## 1　4

**解説**　藤田正勝編『哲学の根本問題 数理の歴史主義展開』P69より。
1　最後の一文と一致しない。　2　宗教の開祖についての言及はない。
3　「ただわれわれが物を考えるというだけならば必ずしも論理的とはいわれない。」の部分と一致しない。　4　正しい。「論理的ということは，そういう場合には論証的，推論的ということになる。」という部分の主旨と一致する。　5　伝道の際に，人々を説得するために，信仰内容を論理的な教義に組織した神学が不可欠であるとしている。

## 2　3

**解説**　黒井千次『老いるということ』。　1　適切でない。空欄直前の「自らが渦中にある老いを捉えた優れた小説に切実なリアリティーが宿るのは確かですが」と矛盾する。空欄には，高齢者の立場から老いを論じる態度を表す語句は入らない。　2　適切でない。「傍観者」という言葉では，老いに対する関心が希薄な意味合いに受け取られる。　3　適切。まだ高齢者ではない人の視点から老いの本質を客観的に分析する態度を指している。　4　適切でない。設問が要求しているのは，自分自身が老いをまだ経験していないという前提に基づいている語句である。　5　適切でない。空欄後の「切実さやリアリティー」と矛盾する。想像力だけでは老いの本質をとらえるには不十分。

## 3　5

**解説**　金田一春彦『話し言葉の技術』。　1　言語の持つ4つの側面について，筆者は例を挙げて説明しているが，設問文の要旨としては不十分。
2　設問文は，話し言葉と書き言葉の役割について述べた文ではない。言語の性質について論じている。　3　日本に住む外国人が，必ずしも日本語を駆使できなくても暮らしていけるように，言語を駆使できるレベルでなくても社会生活を営むことはできる。また言語を駆使できないと生活に支障をきたすとは，どういうことかについての具体的な記述がない。
4　人間以外の動物も仲間とコミュニケーションをとり，社会生活を営んでいる。　5　正しい。私たちが社会生活を営む際に，言語を用いないですませるということはまったく考えられない。

の表記について、本文中では「解説」を枠囲みで示す。

4 3

**解説** 高階秀爾『日本近代美術史論』。雪舟，（長谷川）等伯は，ともに日本を代表する水墨画家である。雪舟は室町時代，等伯は安土桃山時代に活躍した。雪舟の代表作は「四季山水図」，等伯の代表作は「松林図屏風」である。　1　友人たちが日本古美術に対してまったく関心がないのなら，筆者に同行することはあり得ない。　2　友人たちは，雪舟や等伯の作品に対して大いに関心を持っていた。　3　正しい。友人たちのよそよそしさは，雪舟と等伯の作品に対する言葉では言い表せない違和感が原因と考えられる。　4　日本画に対する不見識とはあまりにも的外れである。　5　友人たちが，自国の文化に対する優越感のせいで，雪舟や等伯を理解できなかったとはまったく考えられない。

5 4

**解説** 稲垣佳世子・波多野誼余夫『人はいかに学ぶか』。この文章の要旨は，「珠算塾では計算（珠の操作）が速くなることを練習する。子どもたちの目的も，速く誤りなく計算し，上の級に上がることである。そこでは多くの場合，なぜこのやり方はうまくいくのか，このステップはどんな意味をもっているのかなどを考えてみようとはしないであろう。」ということ。「珠算の手続き」とは珠の動かし方であり，桁のくり上がりやくり下がりなど，「この問題のときはこの動かし方」という練習して覚えた各ステップのこと。「珠算の手続きの本質的意味」とは，「なぜ珠をそのように動かすのか」，「この手続きは数学的にどのような意味をもつのか」ということである。よって，正答は4。

6 4

**解説** 竹田青嗣『中学生からの哲学「超」入門』より。　1　18歳になれば法律上自由に生き方を選択する権利があるが，18歳未満の子供に自由や人権がまったくないということではない。　2　本文は近代社会において人が自由と人権を得るための条件について論じている。無条件ということではない。　3　18歳になれば法律上誰でも自由を保証されるのであって，無条件で自由になれるわけではない。　4　正しい。自分の行動に責任が持てるようになって初めて自由と人権が与えられる。その目安を法律は18歳と定めている。　5　障害者にも自由と人権が保証される。現代社会では，障害者に責任能力がないという理由で，自由や人権が与えられな

いということは現実的ではない。

## 7　4

**解説**　1　批判とは，本来は，検討を十分に加えるものであるとの記述
がある。　2　ドイツ語のクリティークについては，むしろ肯定的に捉え
られている。　3　ケインズがシュンペーターを批判したとの記述はない。
4　正しい。第2段落の内容と一致している。　5　批判精神そのものを重
視する記述や，批判の型が個性的であるべきという記述はない。

# 非言語分野

## 計算式・不等式

### 演習問題

**1** 分数 $\dfrac{30}{7}$ を小数で表したとき，小数第100位の数字として正しいものはどれか。

  1　1　   2　2　   3　4　   4　5　   5　7

**2** $x=\sqrt{2}-1$ のとき，$x+\dfrac{1}{x}$ の値として正しいものはどれか。

  1　$2\sqrt{2}$　  2　$2\sqrt{2}-2$　  3　$2\sqrt{2}-1$　  4　$3\sqrt{2}-3$
  5　$3\sqrt{2}-2$

**3** 360の約数の総和として正しいものはどれか。

  1　1060　  2　1170　  3　1250　  4　1280　  5　1360

**4** $\dfrac{x}{2}=\dfrac{y}{3}=\dfrac{z}{5}$ のとき，$\dfrac{x-y+z}{3x+y-z}$ の値として正しいものはどれか。

  1　$-2$　  2　$-1$　  3　$\dfrac{1}{2}$　  4　1　  5　$\dfrac{3}{2}$

**5** $\dfrac{\sqrt{2}}{\sqrt{2}-1}$ の整数部分を $a$，小数部分を $b$ とするとき，$a\times b$ の値として正しいものは次のうちどれか。

  1　$\sqrt{2}$　  2　$2\sqrt{2}-2$　  3　$2\sqrt{2}-1$　  4　$3\sqrt{2}-3$
  5　$3\sqrt{2}-2$

**6** $x=\sqrt{5}+\sqrt{2}$，$y=\sqrt{5}-\sqrt{2}$ のとき，$x^2+xy+y^2$ の値として正しいものはどれか。

  1　15　  2　16　  3　17　  4　18　  5　19

7 $\dfrac{\sqrt{2}}{\sqrt{2}-1}$ の整数部分を$a$, 小数部分を$b$とするとき, $b^2$の値として正しいものはどれか。

   1  $2-\sqrt{2}$    2  $1+\sqrt{2}$    3  $2+\sqrt{2}$    4  $3+\sqrt{2}$

   5  $3-2\sqrt{2}$

8 ある中学校の生徒全員のうち, 男子の7.5%, 女子の6.4%を合わせて37人がバドミントン部員であり, 男子の2.5%, 女子の7.2%を合わせて25人が吹奏楽部員である。この中学校の女子全員の人数は何人か。

   1  246人    2  248人    3  250人    4  252人    5  254人

9 連続した3つの正の偶数がある。その小さい方2数の2乗の和は, 一番大きい数の2乗に等しいという。この3つの数のうち, 最も大きい数として正しいものはどれか。

   1  6    2  8    3  10    4  12    5  14

○○○解答・解説○○○

---

1   5

**解説** 実際に30を7で割ってみると,

$\dfrac{30}{7} = 4.28571428571\cdots\cdots$ となり, 小数点以下は, 6つの数字"285714"が繰り返されることがわかる。$100 \div 6 = 16$余り$4$だから, 小数第100位は, "285714"のうちの4つ目の"7"である。

2   1

**解説** $x = \sqrt{2} - 1$を$x + \dfrac{1}{x}$に代入すると,

$$x + \dfrac{1}{x} = \sqrt{2} - 1 + \dfrac{1}{\sqrt{2}-1} = \sqrt{2} - 1 + \dfrac{\sqrt{2}+1}{(\sqrt{2}-1)(\sqrt{2}+1)}$$

$$= \sqrt{2} - 1 + \dfrac{\sqrt{2}+1}{2-1}$$

$$= \sqrt{2} - 1 + \sqrt{2} + 1 = 2\sqrt{2}$$

$\boxed{3}$ 2

**解説** 360を素因数分解すると，$360 = 2^3 \times 3^2 \times 5$ であるから，約数の総和は $(1 + 2 + 2^2 + 2^3)(1 + 3 + 3^2)(1 + 5) = (1 + 2 + 4 + 8)(1 + 3 + 9)(1 + 5) = 15 \times 13 \times 6 = 1170$ である。

$\boxed{4}$ 4

**解説** $\dfrac{x}{2} = \dfrac{y}{3} = \dfrac{z}{5} = A$　とおく。

$x = 2A$，$y = 3A$，$z = 5A$　となるから，

$x - y + z = 2A - 3A + 5A = 4A$，$3x + y - z = 6A + 3A - 5A = 4A$

したがって，$\dfrac{x - y + z}{3x + y - z} = \dfrac{4A}{4A} = 1$　である。

$\boxed{5}$ 4

**解説** 分母を有理化する。

$\dfrac{\sqrt{2}}{\sqrt{2} - 1} = \dfrac{\sqrt{2}(\sqrt{2} + 1)}{(\sqrt{2} - 1)(\sqrt{2} + 1)} = \dfrac{2 + \sqrt{2}}{2 - 1} = 2 + \sqrt{2} = 2 + 1.414\cdots = 3.414\cdots$

であるから，$a = 3$であり，$b = (2 + \sqrt{2}) - 3 = \sqrt{2} - 1$ となる。

したがって，$a \times b = 3(\sqrt{2} - 1) = 3\sqrt{2} - 3$

$\boxed{6}$ 3

**解説** $(x + y)^2 = x^2 + 2xy + y^2$ であるから，

$x^2 + xy + y^2 = (x + y)^2 - xy$ と表せる。

ここで，$x + y = (\sqrt{5} + \sqrt{2}) + (\sqrt{5} - \sqrt{2}) = 2\sqrt{5}$，

　　　　$xy = (\sqrt{5} + \sqrt{2})(\sqrt{5} - \sqrt{2}) = 5 - 2 = 3$

であるから，求める $(x + y)^2 - xy = (2\sqrt{5})^2 - 3 = 20 - 3 = 17$

$\boxed{7}$ 5

**解説** 分母を有理化すると，

$\dfrac{\sqrt{2}}{\sqrt{2} - 1} = \dfrac{\sqrt{2}(\sqrt{2} + 1)}{(\sqrt{2} - 1)(\sqrt{2} + 1)} = \dfrac{2 + \sqrt{2}}{2 - 1} = 2 + \sqrt{2}$

$\sqrt{2} = 1.4142\cdots\cdots$であるから，$2 + \sqrt{2} = 2 + 1.4142\cdots\cdots = 3.14142\cdots\cdots$

したがって，$a = 3$，$b = 2 + \sqrt{2} - 3 = \sqrt{2} - 1$といえる。

したがって，$b^2 = (\sqrt{2} - 1)^2 = 2 - 2\sqrt{2} + 1 = 3 - 2\sqrt{2}$である。

8 3

解説 男子全員の人数を$x$，女子全員の人数を$y$とする。

$0.075x + 0.064y = 37\cdots①$

$0.025x + 0.072y = 25\cdots②$

①－②×3より

$$\begin{cases} 0.075x + 0.064y = 37\cdots① \\ 0.075x + 0.216y = 75\cdots②' \end{cases}$$
$$-)\qquad\qquad\qquad\qquad\qquad$$
$$-0.152y = -38$$

∴　$152y = 38000$　∴　$y = 250$　$x = 280$

よって，女子全員の人数は250人。


9 3

解説 3つのうちの一番小さいものを$x(x>0)$とすると，連続した3つの正の偶数は，$x$, $x+2$, $x+4$ であるから，与えられた条件より，次の式が成り立つ。$x^2+(x+2)^2=(x+4)^2$　かっこを取って，$x^2+x^2+4x+4=x^2+8x+16$　整理して，$x^2-4x-12=0$　よって，$(x+2)(x-6)=0$　よって，$x=-2$, $6$　$x>0$だから，$x=6$ である。したがって，3つの偶数は，6, 8, 10である。このうち最も大きいものは，10である。

### 演習問題

1. 家から駅までの道のりは30kmである。この道のりを，初めは時速5km，途中から，時速4kmで歩いたら，所要時間は7時間であった。時速5kmで歩いた道のりとして正しいものはどれか。

　　1　8km　　2　10km　　3　12km　　4　14km　　5　15km

2. 横の長さが縦の長さの2倍である長方形の厚紙がある。この厚紙の四すみから，一辺の長さが4cmの正方形を切り取って，折り曲げ，ふたのない直方体の容器を作る。その容積が64cm³のとき，もとの厚紙の縦の長さとして正しいものはどれか。

　　1　$6-2\sqrt{3}$　　2　$6-\sqrt{3}$　　3　$6+\sqrt{3}$　　4　$6+2\sqrt{3}$
　　5　$6+3\sqrt{3}$

3. 縦50m，横60mの長方形の土地がある。この土地に，図のような直角に交わる同じ幅の通路を作る。通路の面積を土地全体の面積の $\dfrac{1}{3}$ 以下にするには，通路の幅を何m以下にすればよいか。

　　1　8m　　2　8.5m　　3　9m　　4　10m
　　5　10.5m

4. 下の図のような，曲線部分が半円で，1周の長さが240mのトラックを作る。中央の長方形ABCDの部分の面積を最大にするには，直線部分ADの長さを何mにすればよいか。次から選べ。

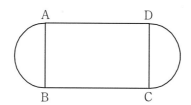

　　1　56m　　2　58m　　3　60m　　4　62m　　5　64m

5 AとBの2つのタンクがあり, Aには8m³, Bには5m³の水が入っている。Aには毎分1.2m³, Bには毎分0.5m³ずつの割合で同時に水を入れ始めると, Aの水の量がBの水の量の2倍以上になるのは何分後からか。正しいものはどれか。

1 8分後 2 9分後 3 10分後 4 11分後 5 12分後

○○○解答・解説○○○

[1] 2

**解説** 時速5kmで歩いた道のりを$x$kmとすると, 時速4kmで歩いた道のりは, $(30-x)$kmであり, 時間＝距離÷速さ であるから, 次の式が成り立つ。

$$\frac{x}{5} + \frac{30-x}{4} = 7$$

両辺に20をかけて, $4x + 5(30-x) = 7 \times 20$

整理して, $4x + 150 - 5x = 140$

よって, $x = 10$ である。

[2] 4

**解説** 厚紙の縦の長さを$x$cmとすると, 横の長さは$2x$cmである。また, このとき, 容器の底面は, 縦$(x-8)$cm, 横$(2x-8)$cmの長方形で, 容器の高さは4cmである。

厚紙の縦, 横, 及び, 容器の縦, 横の長さは正の数であるから,

$$x > 0, \quad x - 8 > 0, \quad 2x - 8 > 0$$

すなわち, $x > 8 \cdots\cdots$①

容器の容積が64cm³であるから,

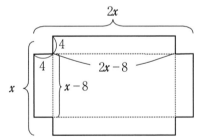

$4(x-8)(2x-8) = 64$となり,

$$(x-8)(2x-8) = 16$$

これより, $(x-8)(x-4) = 8$

$x^2 - 12x + 32 = 8$となり, $x^2 - 12x + 24 = 0$

よって, $x = 6 \pm \sqrt{6^2 - 24} = 6 \pm \sqrt{12} = 6 \pm 2\sqrt{3}$

このうち①を満たすものは, $x = 6 + 2\sqrt{3}$

**解説**　通路の幅を$x$mとすると，$0<x<50$……①
また，$50x+60x-x^2\leqq1000$
よって，$(x-10)(x-100)\geqq0$
したがって，$x\leqq10，100\leqq x$……②
①②より，$0<x\leqq10$　つまり，10m以下。

4　3

**解説**　直線部分ADの長さを$x$mとおくと，$0<2x<240$より，
$x$のとる値の範囲は，$0<x<120$である。

半円の半径を$r$mとおくと，
$2\pi r=240-2x$より，
$$r=\frac{120}{\pi}-\frac{x}{\pi}=\frac{1}{\pi}(120-x)$$
長方形ABCDの面積を$y$m²とすると，
$$y=2r\cdot x=2\cdot\frac{1}{\pi}(120-x)x$$
$$=-\frac{2}{\pi}(x^2-120x)$$
$$=-\frac{2}{\pi}(x-60)^2+\frac{7200}{\pi}$$

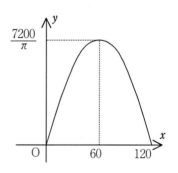

この関数のグラフは，図のようになる。$y$は$x=60$のとき最大となる。

5　3

**解説**　$x$分後から2倍以上になるとすると，題意より次の不等式が成り
立つ。
$$8+1.2x\geqq2(5+0.5x)$$
かっこをはずして，$8+1.2x\geqq10+x$
整理して，$0.2x\geqq2$　よって，$x\geqq10$
つまり10分後から2倍以上になる。

## 演習問題

1 1個のさいころを続けて3回投げるとき，目の和が偶数になるような場合は何通りあるか。正しいものを選べ。
  1  106通り    2  108通り    3  110通り    4  112通り
  5  115通り

2 A，B，C，D，E，Fの6人が2人のグループを3つ作るとき，AとBが同じグループになる確率はどれか。正しいものを選べ。
  1 $\dfrac{1}{6}$   2 $\dfrac{1}{5}$   3 $\dfrac{1}{4}$   4 $\dfrac{1}{3}$   5 $\dfrac{1}{2}$

○○○解答・解説○○○

1 2

解説  和が偶数になるのは，3回とも偶数の場合と，偶数が1回で，残りの2回が奇数の場合である。さいころの目は，偶数と奇数はそれぞれ3個だから，

(1)  3回とも偶数：$3 \times 3 \times 3 = 27$〔通り〕
(2)  偶数が1回で，残りの2回が奇数
    ・偶数/奇数/奇数：$3 \times 3 \times 3 = 27$〔通り〕
    ・奇数/偶数/奇数：$3 \times 3 \times 3 = 27$〔通り〕
    ・奇数/奇数/偶数：$3 \times 3 \times 3 = 27$〔通り〕

したがって，合計すると，$27 + (27 \times 3) = 108$〔通り〕である。

2 2

解説  A，B，C，D，E，Fの6人が2人のグループを3つ作るときの，すべての作り方は$\dfrac{{}_6C_2 \times {}_4C_2}{3!} = 15$通り。このうち，AとBが同じグループになるグループの作り方は$\dfrac{{}_4C_2}{2!} = 3$通り。よって，求める確率は$\dfrac{3}{15} = \dfrac{1}{5}$である。

## 図形

### 演習問題

①　次の図で，直方体 ABCD－EFGH の辺 AB，BC の中点をそれぞれ M，N とする。この直方体を3点 M，F，N を通る平面で切り，頂点 B を含むほうの立体をとりさる。AD＝DC ＝8cm，AE＝6cm のとき，△MFN の 面積として正しいものはどれか。

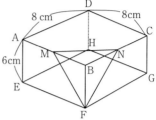

　1　$3\sqrt{22}$〔cm²〕　　2　$4\sqrt{22}$〔cm²〕
　3　$5\sqrt{22}$〔cm²〕　　4　$4\sqrt{26}$〔cm²〕
　5　$4\sqrt{26}$〔cm²〕

②　右の図において，四角形 ABCD は円に内 接しており，弧 BC＝弧 CD である。AB，AD の延長と点 C におけるこの円の接線との交点 をそれぞれ P，Q とする。AC＝4cm，CD＝ 2cm，DA＝3cm とするとき，△BPC と△ APQ の面積比として正しいものはどれか。

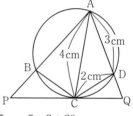

　1　1：5　　2　1：6　　3　1：7　　4　2：15　　5　3：20

③　1辺の長さが15のひし形がある。その対角線の長さの差は6である。 このひし形の面積として正しいものは次のどれか。

　1　208　　2　210　　3　212　　4　214　　5　216

④　右の図において，円 $C_1$ の 半径は2，円 $C_2$ の半径は5，2 円の中心間の距離は$O_1O_2$＝9 である。2円の共通外接線 $l$ と2 円 $C_1$，$C_2$ との接点をそれぞれ A，B とするとき，線分 AB の長さ として正しいものは次のどれ か。

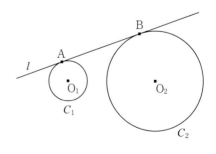

　1　$3\sqrt{7}$　　2　8　　3　$6\sqrt{2}$　　4　$5\sqrt{3}$　　5　$4\sqrt{5}$

5 下の図において，点Eは，平行四辺形ABCDの辺BC上の点で，AB＝AEである。また，点Fは，線分AE上の点で，∠AFD＝90°である。∠ABE＝70°のとき，∠CDFの大きさとして正しいものはどれか。

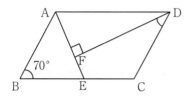

1  48°　　2  49°　　3  50°　　4  51°　　5  52°

6 底面の円の半径が4で，母線の長さが12の直円すいがある。この円すいに内接する球の半径として正しいものは次のどれか。

1  $2\sqrt{2}$

2  3

3  $2\sqrt{3}$

4  $\dfrac{8}{3}\sqrt{2}$

5  $\dfrac{8}{3}\sqrt{3}$

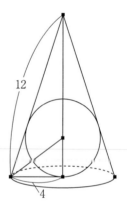

○○○解答・解説○○○

1 2

**解説**　△MFNはMF＝NFの二等辺三角形。MB＝$\dfrac{8}{2}$＝4，BF＝6より，

MF$^2$＝$4^2$＋$6^2$＝52

また，MN＝$4\sqrt{2}$

FからMNに垂線FTを引くと，△MFTで三平方の定理より，

FT$^2$＝MF$^2$－MT$^2$＝52－$\left(\dfrac{4\sqrt{2}}{2}\right)^2$＝52－8＝44

よって，FT＝$\sqrt{44}$＝$2\sqrt{11}$

したがって，△MFN＝$\dfrac{1}{2}$・$4\sqrt{2}$・$2\sqrt{11}$＝$4\sqrt{22}$〔cm$^2$〕

2　3

解説　∠PBC＝∠CDA，∠PCB＝∠BAC＝∠CADから，

△BPC∽△DCA

相似比は2：3，面積比は，4：9

また，△CQD∽△AQCで，相似比は1：2，面積比は1：4

したがって，△DCA：△AQC＝3：4

よって，△BPC：△DCA：△AQC＝4：9：12

さらに，△BPC∽△CPAで，相似比1：2，面積比1：4

よって，△BPC：△APQ＝4：（16＋12）＝4：28＝1：7

3　5

解説　対角線のうちの短い方の長さの半分の長さを$x$とすると，長い方の対角線の長さの半分は，$(x+3)$と表せるから，三平方の定理より次の式がなりたつ。

$$x^2+(x+3)^2=15^2$$

整理して，$2x^2+6x-216=0$　よって，$x^2+3x-108=0$

$(x-9)(x+12)=0$より，$x=9,-12$　$x$は正だから，$x=9$である。

したがって，求める面積は，$4\times\dfrac{9\times(9+3)}{2}=216$

4　5

解説　円の接線と半径より
$O_1A\perp l$，$O_2B\perp l$であるから，
点$O_1$から線分$O_2B$に垂線$O_1H$を
下ろすと，四角形$AO_1HB$は長方
形で，

　$HB＝O_1A＝2$だから，
$O_2H＝3$
△$O_1O_2H$で三平方の定理より，
　$O_1H＝\sqrt{9^2-3^2}=6\sqrt{2}$
　よって，$AB＝O_1H＝6\sqrt{2}$

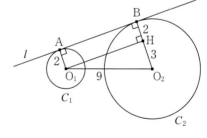

$\boxed{5}$ 3

**解説** $\angle AEB = \angle ABE = 70°$ より，$\angle AEC = 180 - 70 = 110°$

また，$\angle ABE + \angle ECD = 180°$ より，$\angle ECD = 110°$

四角形FECDにおいて，四角形の内角の和は360°だから，

$\angle CDF = 360° - (90° + 110° + 110°) = 50°$

$\boxed{6}$ 1

**解説** 円すいの頂点をA，球の中心を
O，底面の円の中心をHとする。3点A，O，
Hを含む平面でこの立体を切断すると，
断面は図のような二等辺三角形とその内
接円であり，求めるものは内接円の半径
OHである。

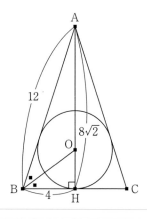

△ABHで三平方の定理より，
　　$AH = \sqrt{12^2 - 4^2} = 8\sqrt{2}$

　　Oは三角形ABCの内心だから，BO
は$\angle ABH$の2等分線である。

　　よって，$AO : OH = BA : BH = 3 : 1$

　　$OH = \dfrac{1}{4}AH = 2\sqrt{2}$

200　第5章

## 演習問題

1 O市，P市，Q市の人口密度（1km²あたりの人口）を下表に示してある，O市とQ市の面積は等しく，Q市の面積はP市の2倍である。

| 市 | 人口密度 |
|---|---|
| O | 390 |
| P | 270 |
| Q | 465 |

このとき，次の推論ア，イの正誤として，正しいものはどれか。

ア　P市とQ市を合わせた地域の人口密度は300である

イ　P市の人口はQ市の人口より多い

　1　アもイも正しい

　2　アは正しいが，イは誤り

　3　アは誤りだが，イは正しい

　4　アもイも誤り

　5　アもイもどちらとも決まらない

2 2から10までの数を1つずつ書いた9枚のカードがある。A，B，Cの3人がこの中から任意の3枚ずつを取ったところ，Aの取ったカードに書かれていた数の合計は15で，その中には，5が入っていた。Bの取ったカードに書かれていた数の合計は16で，その中には，8が入っていた。Cの取ったカードに書かれていた数の中に入っていた数の1つは，次のうちのどれか。

　1　2　　2　3　　3　4　　4　6　　5　7

3 体重の異なる8人が，シーソーを使用して，一番重い人と2番目に重い人を選び出したい。シーソーでの重さ比べを，少なくとも何回行わなければならないか。ただし，シーソーには両側に1人ずつしか乗らないものとする。

　1　6回　　2　7回　　3　8回　　4　9回　　5　10回

4 A～Fの6人がゲーム大会をして，優勝者が決定された。このゲーム大会の前に6人は，それぞれ次のように予想を述べていた。予想が当たったのは2人のみで，あとの4人ははずれであった。予想が当たった2人の組み合わせとして正しいものはどれか。

A 「優勝者は，私かCのいずれかだろう。」

B 「優勝者は，Aだろう。」

C 「Eの予想は当たるだろう。」

D 「優勝者は，Fだろう。」

E 「優勝者は，私かFのいずれかだろう。」

F 「Aの予想ははずれるだろう。」

  1 A，B   2 A，C   3 B，D   4 C，D   5 D，E

5 ある会合に参加した人30人について調査したところ，傘を持っている人，かばんを持っている人，筆記用具を持っている人の数はすべて1人以上29人以下であり，次の事実がわかった。

　i ）傘を持っていない人で，かばんを持っていない人はいない。

　ii ）筆記用具を持っていない人で，かばんを持っている人はいない。

このとき，確実に言えるのは次のどれか。

1 かばんを持っていない人で，筆記用具を持っている人はいない。

2 傘を持っている人で，かばんを持っている人はいない。

3 筆記用具を持っている人で，傘を持っている人はいない。

4 傘を持っていない人で，筆記用具を持っていない人はいない。

5 かばんを持っている人で，傘を持っている人はいない。

6 次A，B，C，D，Eの5人が，順に赤，緑，白，黒，青の5つのカードを持っている。また赤，緑，白，黒，青の5つのボールがあり，各人がいずれか1つのボールを持っている。各自のカードの色とボールの色は必ずしも一致していない。持っているカードの色とボールの色の組み合わせについてア，イのことがわかっているとき，Aの持っているボールの色は何色か。ただし，以下でXとY2人の色の組み合わせが同じであるとは，「Xのカード，ボールの色が，それぞれYのボール，カードの色と一致」していることを意味する。

ア CとEがカードを交換すると，CとDの色の組み合わせだけが同じになる。

イ BとDがボールを交換すると，BとEの色の組み合わせだけが同じ

になる。

1 青　　2 緑　　3 黒　　4 赤　　5 白

○○○解答・解説○○○

### 1 3

**解説**　「O市とQ市の面積は等しく，Q市の面積はP市の2倍」ということから，仮にO市とQ市の面積を$1km^2$，P市の面積を$2km^2$と考える。

ア…P市の人口は$270 \times 2 = 540$人，Q市の人口は$465 \times 1 = 465$人で，2つの市を合わせた地域の面積は$3km2$なので，人口密度は，$(540 + 465) \div 3 = 335$人になる。

イ…P市の人口は540人，Q市は465人なので，P市の方が多いので正しいといえる。

よって推論アは誤りだが，推論イは正しい。

よって正解は3である。

### 2 3

**解説**　まず，Bが取った残りの2枚のカードに書かれていた数の合計は，$16 - 8 = 8$である。したがって2枚のカードはどちらも6以下である。ところが「5」はAが取ったカードにあるから除くと，「2」，「3」，「4」，「6」の4枚となるが，この中で2数の和が8になるのは，「2」と「6」しかない。

　次にAが取った残りの2枚のカードに書かれていた数の合計は，$15 - 5 = 10$である。したがって2枚のカードはどちらも8以下である。この中で，すでにA自身やBが取ったカードを除くと「3」，「4」，「7」の3枚となるが，この中で2数の和が10になるのは，「3」と「7」のみである。

　以上のことから，Cの取った3枚のカードは，AとBが取った残りの「4」「9」「10」である。

### 3 4

**解説**　全員の体重が異なるのだから，1人ずつ比較するしかない。したがって一番重い人を見つけるには，8チームによるトーナメント試合数，すなわち$8 - 1 = 7$（回）でよい。図

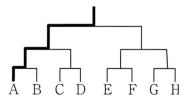

は8人をA〜Hとしてその方法を表したもので，Aが最も重かった場合である。次に2番目に重い人の選び出し方であるが，2番目に重い人の候補になるのは，図でAと比較してAより軽いと判断された3人である。すなわち最初に比較したBと，2回目に比較したC，Dのうちの重い方と，最後にAと比較したE〜Hの中で一番重い人の3人である。そしてこの3人の中で一番重い人を見つける方法は2回でよい。結局，少なくとも7＋2＝9（回）の重さ比べが必要であるといえる。

4 1

**解説**　下の表は，縦の欄に優勝したと仮定した人。横の欄に各人の予想が当たったか（○）はずれたか（×）を表したものである。

|   | A | B | C | D | E | F |
|---|---|---|---|---|---|---|
| A | ○ | ○ | × | × | × | × |
| B | × | × | × | × | × | ○ |
| C | ○ | × | × | × | × | × |
| D | × | × | × | × | × | ○ |
| E | × | × | ○ | × | ○ | ○ |
| F | × | × | ○ | ○ | ○ | ○ |

　「予想が当たったのは，2人のみ」という条件を満たすのは，Aが優勝したと仮定したときのAとBのみである。よって，1が正しい。

5 3

**解説**　ⅰ）ⅱ）より集合の包含関係は図のようになっている。

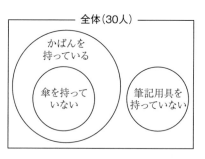

　図より，傘を持っていない人の集合と，筆記用具を持っていない人の集

合の共通部分は空集合であり，選択肢1，2，3，5については必ずしも空
集合とは限らない。

　したがって，確実に言えるのは「傘を持っていない人で，筆記用具を持っ
ていない人はいない」のみである。

## 6 　5

**解説**　最初の状態は，

|  | A | B | C | D | E |
|---|---|---|---|---|---|
| カード | 赤 | 緑 | 白 | 黒 | 青 |

　まずアより，EとCがカードを交換した場合，CとDの色の組み合わせ
だけが同じになることから，ボールの色が次のように決まる。

|  | A | B | C | D | E |
|---|---|---|---|---|---|
| カード | 赤 | 緑 | 青 | 黒 | 白 |
| ボール |  |  | 黒 | 青 |  |

　つまり，Cのボールが黒，Dのボールが青と決まる。
　カード交換前のカードの色で表すと，

|  | A | B | C | D | E |
|---|---|---|---|---|---|
| カード | 赤 | 緑 | 白 | 黒 | 青 |
| ボール |  |  | 黒 | 青 |  |

　さらにイより，BとDがボールを交換すると，BとEの色の組み合わせ
だけが同じになることから，Eのボールの色が緑ときまる。つまり，

|  | A | B | C | D | E |
|---|---|---|---|---|---|
| カード | 赤 | 緑 | 白 | 黒 | 青 |
| ボール |  |  | 黒 | 青 | 緑 |

　ここで，Bのボールの色が白だとすると，Dとボールを交換したときに，
CとDが黒と白で同じ色の組み合わせになってしまう。したがって，Aのボー
ルの色が白，Bのボールの色が赤といえる。
　つまり，次のように決まる。

|  | A | B | C | D | E |
|---|---|---|---|---|---|
| カード | 赤 | 緑 | 白 | 黒 | 青 |
| ボール | 白 | 赤 | 黒 | 青 | 緑 |

**演習問題**

1  次の表は消防白書（総務省）より平成26年の出火原因別火災の発生状況とその損害額（千円）をまとめたものである。これについて正しいものはどれか。

| 出火原因 | 出火件数 | 損害額（千円） |
|---|---|---|
| 放火 | 4884 | 3442896 |
| こんろ | 3484 | 3736938 |
| たばこ | 4088 | 4534257 |
| 放火の疑い | 3154 | 2428493 |
| たき火 | 2913 | 944074 |
| 火遊び | 978 | 448466 |
| 火入れ | 1665 | 257438 |
| ストーブ | 1426 | 5003139 |
| 電灯・電話の配線等 | 1298 | 5435929 |
| 配線器具 | 1193 | 2928339 |

（総務省消防庁『平成27年版　消防白書』より作成）

1  「火遊び」による損害額は最も低く，1件あたりの損害額も最も低くなっている。

2  「放火」による出火件数は最も多く，1件あたりの損害額は150万円を超える。

3  例年最も多い出火原因として挙げられるのは「放火」によるものである。

4  損害額が最も高い項目は，1件あたりの損害額も最も高くなっている。

5  損害額が3番目に高い項目は，1件あたりの損害額も同順位となっている。

2  次の表は2014年における各国の失業者数・失業率を示したものである。この表から正しくいえるものはどれか。

|  | 失業者数（千人） | 失業率（％） |
|---|---|---|
| 日本 | 2359 | 3.6 |
| フランス | 3001 | 10.2 |
| アメリカ | 9616 | 6.2 |
| 韓国 | 937 | 3.5 |
| ドイツ | 2090 | 5.0 |
| オーストラリア | 745 | 6.1 |

(ILO "KILM 8th edition" より作成)

1　失業者数が最も多い国は，最も少ない国のおよそ15倍の人数である。
2　失業率が最も高い国は，失業者数も最も多くなっている。
3　日本の失業者数は，韓国の失業者数のおよそ2.5倍である。
4　失業率が最も低い国は，失業者数も最も少なくなっている。
5　ドイツはいずれの項目においても3番目に高い数値となっている。

3 次の表は各国の漁獲量（千t）を表している。この表から正しくいえるものはどれか。

|  | 1960年 | 1980年 | 2000年 | 2014年 |
|---|---|---|---|---|
| 中国 | 2,215 | 3,147 | 14,982 | 17,514 |
| インドネシア | 681 | 1,653 | 4,159 | 6,508 |
| アメリカ合衆国 | 2,715 | 3,703 | 4,760 | 4,984 |
| インド | 1,117 | 2,080 | 3,726 | 4,719 |
| ロシア | 3,066 | 9,502 | 4,027 | 4,233 |
| ミャンマー | 360 | 577 | 1,093 | 4,083 |

(帝国書院『地理データファイル2017年度版』より作成)

1　いずれの国においても，漁獲量は年々増加しており，2014年が最も大きい値となっている。
2　2014年におけるミャンマーの漁獲量は，1960年の漁獲量の12倍以上である。
3　2000年において漁獲量が最も少ない国は，2014年においても最も少ない漁獲量の数値を示している。
4　1980年における中国の漁獲量は，1960年の漁獲量の2倍以上である。
5　インドネシアにおける漁獲量は，いずれの年においてもアメリカの漁獲量を下回っている。

4 次の図は，わが国の製造業の事業所数，従業者数，出荷額について，平成7年の数値を100として表したものである（以下製造業を略す）。この図からいえることとして正しいものはどれか。

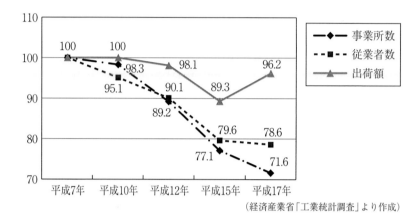

（経済産業省「工業統計調査」より作成）

1 平成15年の従業者数は平成12年の0.9倍以上である。
2 平成15年の1事業所当たりの出荷額は平成10年と比較して減少している。
3 平成10年の事業所数は平成15年の事業所数の1.2倍未満である。
4 平成12年の1事業所当たりの従業者数は平成10年と比較して増加している。
5 平成17年の1事業所当たりの出荷額は平成7年の1.4倍以上である。

5 次の表は，日本におけるサービス業，卸売・小売業，製造業の就業者数の推移を示したものである。この表から読み取れる内容についての記述として，妥当なものはどれか。

| | 就業者数（万人） | | | |
|---|---|---|---|---|
| | 総数 | サービス業 | 卸売・小売業 | 製造業 |
| 1970年 | 5,443 | 906 | 873 | 1,453 |
| 1980年 | 5,866 | 1,279 | 1,040 | 1,356 |
| 1990年 | 6,427 | 1,716 | 1,104 | 1,488 |
| 2000年 | 6,526 | 2,154 | 1,141 | 1,249 |
| 2010年 | 6,448 | 2,283 | 1,172 | 1,018 |

（「国民所得計算」「日本の100年」より作成）

1　1970年から1990年にかけてのデータを比較すると，各業種ともに新しいデータほど就業者の人数が多くなっている。

2　業種ごとに就業者の増減を比較すると，時期が下るほど就業者が増加し続けている業種はない。

3　最も変動が激しい業種について，最少と最多の時期を比較すると，2.5倍を超える開きがある。

4　就業者の数について，最少と最多の時期の開きが最も小さい業種は，製造業である。

5　就業者の総数は，実質国内総生産の推移によって変動している。

---

6　次の表は，わが国の自然公園の地域別面積を示したものである。自然公園は国立公園，国定公園及び都道府県立自然公園の3種類がある。またそれぞれ特別地域が定められている。この表からいえることとして正しいものはどれか。

### わが国の自然公園の地域別面積

| 種別 | 公園数 | 公園面積(ha) | 国土面積に対する比率(%) | 内訳 | | | |
| | | | | 特別地域 | | 普通地域 | |
| | | | | 面積(ha) | 比率(%) | 面積(ha) | 比率(%) |
| 国立公園 | 29 | 2,087,504 | 5.523 | 1,504,690 | 72.1 | 582,814 | 27.9 |
| 国定公園 | 56 | 1,362,065 | 3.604 | 1,267,743 | 93.1 | 94,322 | 6.9 |
| 都道府県立自然公園 | 313 | 1,970,780 | 5.214 | 716,531 | 36.4 | 1,254,248 | 63.6 |
| 自然公園合計 | 398 | 5,420,349 | 14.341 | 3,488,964 | 64.4 | 1,931,384 | 35.6 |

（環境省「自然公園面積総括表」より作成）

1　国立公園の普通地域の面積の，自然公園合計の普通地域の面積に対する割合は28％未満である。

2　国立公園の1公園当たりの面積は，国定公園の1公園当たりの面積の4倍以上である。

3　都道府県立自然公園の特別地域の面積の，国土面積に対する割合は2.6％未満である。

4　国定公園の面積は，都道府県立自然公園の面積の0.6倍未満である。

5　国立公園の1公園当たりの面積は，69,000ha未満である。

7 次の表は，日本における織物の生産の推移を示している。この表から読み取れる内容として妥当なものはどれか。

（単位　百万m²）

|  | 1980 年 | 1990 年 | 2000 年 | 2010 年 |
|---|---|---|---|---|
| 天然繊維織物‥‥‥‥‥ | 2675 | 2199 | 799 | 161 |
| 綿織物‥‥‥‥‥‥ | 2202 | 1765 | 664 | 124 |
| 毛織物‥‥‥‥‥‥ | 294 | 335 | 98 | 32 |
| 絹・絹紡織物‥‥‥‥ | 152 | 84 | 33 | 4 |
| 化学繊維織物‥‥‥‥‥ | 4040 | 3376 | 1846 | 822 |
| 再生・半合成繊維織物 | 882 | 708 | 273 | 92 |
| 合成繊維織物‥‥‥‥ | 3159 | 2668 | 1573 | 730 |
| 計×‥‥‥‥‥‥‥‥ | 6737 | 5587 | 2645 | 983 |

×その他とも。

（経済産業省「生産動態統計」『日本国勢図会2018/19』より作成）

1　化学繊維織物の生産が最も減少している時期は，オイルショックの時期と重なっている。

2　天然繊維織物について，最も古いデータと最も新しいのデータを比較すると，約30分の1に減少している。

3　日本における織物の生産は，全体として減少傾向にあるものの，品目によっては一時的に増加している。

4　織物の生産の合計の推移をみると，2000年から2010年にかけての減少幅が最も大きい。

5　天然繊維織物の減少の要因としては，化学繊維織物の品質の向上によるものが大きい。

8 次の図は，日本の2016年における従業者4人以上の従業者数別事業所数の割合と，それぞれの事業所が占める製造品出荷額等の割合を示したグラフである。ここから読み取れる内容として，最も妥当なものはどれか。

日本の従業者数別事業所数と製造品出荷額等

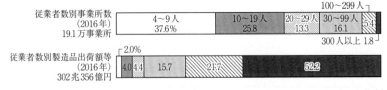

（二宮書店『2020データブック・オブ・ワールド』より作成）

1　300人以上の事業所による製造品出荷額等の金額は、全体の半分に満たない。

2　従業者4〜9人の事業所による製造品出荷額等の金額は、6兆円に満たない。

3　事業所数について比較すると、その割合が最も多いのは事業者数が4〜9人の事業所であり、その数は、7万を超えている。

4　事業所数について、20人以上の事業所は、全体の3分の1に満たない。

5　事業所数について、その増加率を比較すると、300人以上の事業所の増加率が最も高く、10%を超えている。

9　次の図は、縦軸が第3次産業人口率、横軸が1人当たり国民総所得（GNI）を表し、各国のそれぞれの値をもとにグラフ上に点で示したものである。この図から読み取れる内容として、最も妥当なものはどれか。

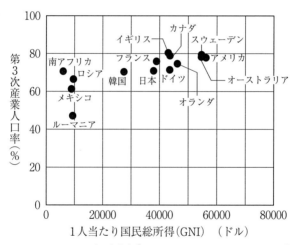

（二宮書店『2020データブック・オブ・ワールド』より作成）

1　第3次産業人口率の差は、イギリス、スウェーデンの間で最大となっている。

2　第3次産業人口率が60%以上、1人当たり国民総所得が20000ドル以下という条件を両方満たすのは、4カ国である。

3　1人当たり国民総所得について比較すると、日本の順位は、フランスに次ぐ7位である。

4　第2次産業人口率が高いほど、第3次産業人口率が高く、1人当たり

国民総所得が低い。

5　1人当たり国民総所得の差は，アメリカと南アフリカの間で最大となっている。

○○○解答・解説○○○

### 1　4

**解説**　1　損害額が最も低く，1件あたりの損害額も最も低いのは「火入れ」である。　2　「放火」による出火件数は最も多いが，1件あたりの損害額はおよそ100万円である。　3　平成26年における出火原因として最も多いのは「放火」であるものの，その他の年については表からは読み取れない。　4　正しい。損害額が最も高く，1件あたりの損害額も最も高い項目はいずれも「電灯・電話の配線等」である。　5　損害額が3番目に高い項目は「たばこ」であるが，1件あたりの損害額が3番目に高い項目は「配線器具」である。

### 2　3

**解説**　1　失業者数が最も多い国はアメリカ（9616人）であり，最も少ない国であるオーストラリアのおよそ13倍である。　2　失業率が最も高い国はフランスであり，失業者数が最も多い国はアメリカである。　3　正しい。日本の失業者数は2359人であり，韓国の失業者数である937人のおよそ2.5倍である。　4　表から読み取れるように，失業率が最も低い国は韓国の3.5％であり，失業者数が最も少ない国はオーストラリアでその人数は745人である。　5　ドイツはいずれの項目においても4番目に高い数値となっている。

### 3　3

**解説**　1.　誤り。ロシアに関しては，1980年から2000年にかけて漁獲量が減少していることが表から読み取れる。　2.　誤り。2014年におけるミャンマーの漁獲量が，1960年の漁獲量の11倍程度である。　3.　正しい。いずれの年においてもミャンマーが最も少ない値を示している。　4.　誤り。1980年における中国の漁獲量は，1960年の漁獲量の1.4倍程度である。　5.　誤り。2014年においてはインドネシアの漁獲量がアメリカ合衆国の漁獲量を上回っている。

4 4

**解説** 1. 平成15年の0.9倍であれば数値が81以上になるはずであるが，実際には79.6だから0.9倍未満である。 2. 1事業所当たりの出荷額は［出荷額］÷［事業所数］で求められる。平成15年において出荷額の数値（89.3）を事業所数の数値（77.1）で割ると1.1を超えるが，平成10年は1.1未満。つまり平成15年の1事業所当たりの出荷額は平成10年と比較して増加している。 3. 平成15年の事業所数の数値を80としても，80×1.2＜98.3（平成10年の数値）。よって，1.2倍以上である。 4. 1事業所当たりの従業者数は［従業者数］÷［事業所数］で求められる。平成10年と平成12年では事業所数のグラフと従業者数のグラフの上下が逆になっており，平成12年において，事業所数のグラフは従業者数のグラフより下にある。したがって，平成12年の1事業所当たりの従業者数が平成10年と比較して増加しているのは明らか。 5. 平成7年において出荷額の数値（100）を事業所数の数値（100）で割ると1。一方，平成17年では1.4未満である。つまり，平成17年の1事業所当たりの出荷額は平成7年の1.4倍未満である。

5 3

**解説** 1. 誤り。1970年と1980年を比較すると，製造業の就業者が減少している。 2. 誤り。サービス業と卸売・小売業については，時期が下るほど就業者が増加している。 3. 正しい。最も変動が激しいサービス業について，最少の1970年と最多の2010年を比較すると，2283/906≒2.52倍の開きがある。 4. 誤り。最少と最多の時期の開きは，サービス業が2283－906＝1377〔万人〕，卸売・小売業が1172－873＝299〔万人〕，製造業が1488－1018＝470〔万人〕である。 5. 誤り。実質国内総生産が示されていないので，判断できない。

6 3

**解説** 1. 自然公園合計の普通地域の面積を2,000,000haとしても29％以上である。 2. 国立公園の公園数は国定公園の$\frac{1}{2}$倍より多く，国立公園の面積は国定公園の面積の2倍未満だから，国立公園の1公園当たりの面積は，国定公園の1公園当たりの面積の4倍未満である。 3. 都道府県立自然公園の面積の，国土面積に対する割合は5.214％だから，都道

府県立自然公園の特別地域の面積の，都道府県立自然公園全体の面積に対する割合（36.4％）を40％としても5.214 × 0.4 < 2.6。つまり，都道府県立自然公園の特別地域の面積の，国土面積に対する割合は2.6％未満である。　4.　都道府県立自然公園の面積を2,000,000haとしても国定公園の面積は都道府県立自然公園の面積の0.6倍以上であり，実際の都道府県立自然公園の面積は2,000,000ha未満である。よって，国定公園の面積は，都道府県立自然公園の面積の0.6倍以上である。　5.　国立公園の公園数を30としても国立公園の1公園当たりの面積は，69,000ha以上であり，実際の国立公園の公園数は30未満である。よって，国立公園の1公園当たりの面積は，69,000ha以上である。

## 7　3

**解説**　1.　誤り。オイルショックとの関連は，表中から読み取れない。なお，第1次オイルショックは1973年，第2次オイルショックは1979年のことである。　2.　誤り。天然繊維織物について1980年と2010年のデータを比較すると，約16分の1に減少している。　3.　正しい。毛織物について1980年と1990年を比較すると，一時的に増加していることがわかる。4.　誤り。減少幅についてみると，2000年から2010年が1662百万m²であるのに対して，1990年から2000年は2942百万m²である。　5.　誤り。化学繊維の品質については，表中から読み取れない。

## 8　3

**解説**　1.　誤り。300人以上の事業所による製造品出荷額等の金額は，全体の52.2％であるから，半分を超えている。　2.　誤り。出荷額は，全体の出荷額に割合をかけることによって求められるので，302.0356〔兆円〕× 0.02 ≒ 6.041〔兆円〕である。　3.　正しい。まず，グラフより，従業者数別事業所数について最も多いのは4〜9人の事業所であり，その割合は37.6％である。また，その数は，全体の事業所数に割合をかけることによって求められるので，191,000 × 0.376 = 71,816である。　4.　誤り。事業所数について，20人以上の事業所は，20〜29人が13.3％，30〜99人が16.1％，100〜299人が5.4％，300人以上が1.8％であるから，合計すると，13.3 + 16.1 + 5.4 + 1.8 = 36.6〔％〕となり，全体の3分の1を超えている。5.　誤り。増加率を求めるためには時系列のデータが必要であるが，ここでは1年分のデータが与えられているだけなので，判断できない。

解説 1. 誤り。第3次産業人口率の差については，各国の縦軸の値の差を読み取ることによって求められ，イギリス，スウェーデンの差はわずかである。 2. 誤り。第3次産業人口率が60％以上，1人当たり国民総所得が20000ドル以下という条件を両方満たすのは，南アフリカ，ロシア，メキシコの3カ国である。 3. 誤り。1人当たり国民総所得の順位は9位である。日本より1人当たり国民総所得が大きい国として，アメリカ，スウェーデン，オーストラリア，オランダ，カナダ，ドイツ，イギリス，フランスが挙げられる。 4. 誤り。第2次産業人口率についてのデータは示されておらず，判断できない。 5. 正しい。1人当たり国民総所得の差については，各国の横軸の値の差を読み取ることによって求められ，最大がアメリカ，最少が南アフリカである。

●情報提供のお願い●

　就職活動研究会では，就職活動に関する情報を募集しています。

　エントリーシートやグループディスカッション，面接，筆記試験の内容等について情報をお寄せください。ご応募はメールアドレス（edit@kyodo-s.jp）へお願いいたします。お送りくださいました方々には薄謝をさしあげます。

　ご協力よろしくお願いいたします。

会社別就活ハンドブックシリーズ

# サイバーエージェントの就活ハンドブック

編　者　就職活動研究会

発　行　令和 6 年 2 月 25 日

発行者　小貫輝雄

発行所　協同出版株式会社
　　　　〒 101−0054
　　　　東京都千代田区神田錦町 2 − 5
　　　　　電話　03 − 3295 − 1341
　　　　　振替　東京00190 − 4 − 94061

印刷所　協同出版・POD 工場

落丁・乱丁はお取り替えいたします

## ●2025年度版●
# 会社別就活ハンドブックシリーズ

【全111点】

## 運　輸

東日本旅客鉄道の就活ハンドブック

東海旅客鉄道の就活ハンドブック

西日本旅客鉄道の就活ハンドブック

東京地下鉄の就活ハンドブック

小田急電鉄の就活ハンドブック

阪急阪神 HD の就活ハンドブック

商船三井の就活ハンドブック

日本郵船の就活ハンドブック

## 機　械

三菱重工業の就活ハンドブック

川崎重工業の就活ハンドブック

IHI の就活ハンドブック

島津製作所の就活ハンドブック

浜松ホトニクスの就活ハンドブック

村田製作所の就活ハンドブック

クボタの就活ハンドブック

## 金　融

三菱 UFJ 銀行の就活ハンドブック

三菱 UFJ 信託銀行の就活ハンドブック

みずほ FG の就活ハンドブック

三井住友銀行の就活ハンドブック

三井住友信託銀行の就活ハンドブック

野村證券の就活ハンドブック

りそなグループの就活ハンドブック

ふくおか FG の就活ハンドブック

日本政策投資銀行の就活ハンドブック

## 建設・不動産

三菱地所の就活ハンドブック

三井不動産の就活ハンドブック

積水ハウスの就活ハンドブック

大和ハウス工業の就活ハンドブック

鹿島建設の就活ハンドブック

大成建設の就活ハンドブック

清水建設の就活ハンドブック

## 資源・素材

旭旭化成グループの就活ハンドブック

東レの就活ハンドブック

ワコールの就活ハンドブック

関西電力の就活ハンドブック

日本製鉄の就活ハンドブック

中部電力の就活ハンドブック

九州電力の就活ハンドブック

## 自動車

トヨタ自動車の就活ハンドブック

デンソーの就活ハンドブック

本田技研工業の就活ハンドブック

日産自動車の就活ハンドブック

## 商　社

三菱商事の就活ハンドブック

伊藤忠商事の就活ハンドブック

住友商事の就活ハンドブック

双日の就活ハンドブック

丸紅の就活ハンドブック

豊田通商の就活ハンドブック

三井物産の就活ハンドブック

## 情報通信・IT

NTT データの就活ハンドブック

サイバーエージェントの就活ハンドブック

NTT ドコモの就活ハンドブック

LINE ヤフーの就活ハンドブック

野村総合研究所の就活ハンドブック

SCSK の就活ハンドブック

日本電信電話の就活ハンドブック

富士ソフトの就活ハンドブック

KDDI の就活ハンドブック

日本オラクルの就活ハンドブック

ソフトバンクの就活ハンドブック

GMO インターネットグループ

楽天の就活ハンドブック

オービックの就活ハンドブック

mixi の就活ハンドブック

DTS の就活ハンドブック

グリーの就活ハンドブック

TIS の就活ハンドブック

## 食品・飲料

サントリー HD の就活ハンドブック

日本たばこ産業 の就活ハンドブック

味の素の就活ハンドブック

日清食品グループの就活ハンドブック

キリン HD の就活ハンドブック

山崎製パンの就活ハンドブック

アサヒグループ HD の就活ハンドブック

キユーピーの就活ハンドブック

## 生活用品

資生堂の就活ハンドブック

武田薬品工業の就活ハンドブック

花王の就活ハンドブック

## 電気機器

| | |
|---|---|
| 三菱電機の就活ハンドブック | パナソニックの就活ハンドブック |
| ダイキン工業の就活ハンドブック | 富士通の就活ハンドブック |
| ソニーの就活ハンドブック | キヤノンの就活ハンドブック |
| 日立製作所の就活ハンドブック | 京セラの就活ハンドブック |
| ＮＥＣの就活ハンドブック | オムロンの就活ハンドブック |
| 富士フイルム HD の就活ハンドブック | キーエンスの就活ハンドブック |

## 保　険

| | |
|---|---|
| 東京海上日動火災保険の就活ハンドブック | 三井住友海上火災保険の就活ハンドブック |
| 第一生命ホールディングスの就活ハンドブック | 損保ジャパンの就活ハンドブック |

## メディア

| | |
|---|---|
| 日本印刷の就活ハンドブック | エイベックスの就活ハンドブック |
| 博報堂 DY の就活ハンドブック | 東宝の就活ハンドブック |
| TOPPAN ホールディングスの就活ハンドブック | |

## 流通・小売

| | |
|---|---|
| ニトリ HD の就活ハンドブック | ZOZO の就活ハンドブック |
| イオンの就活ハンドブック | |

## エンタメ・レジャー

| | |
|---|---|
| オリエンタルランドの就活ハンドブック | 任天堂の就活ハンドブック |
| アシックスの就活ハンドブック | カプコンの就活ハンドブック |
| バンダイナムコ HD の就活ハンドブック | セガサミー HD の就活ハンドブック |
| コナミグループの就活ハンドブック | タカラトミーの就活ハンドブック |
| スクウェア・エニックス HD の就活ハンドブック | |

▼会社別就活ハンドブックシリーズにつきましては，協同出版のホームページからもご注文ができます。詳細は下記のサイトでご確認下さい。

https://kyodo-s.jp/examination_company